OS COLOMBIANOS

COLEÇÃO POVOS & CIVILIZAÇÕES

Coordenação Jaime Pinsky

OS AMERICANOS *Antonio Pedro Tota*
OS ARGENTINOS *Ariel Palacios*
OS CHINESES *Cláudia Trevisan*
OS COLOMBIANOS *Andrew Traumann*
OS ESCANDINAVOS *Paulo Guimarães*
OS ESPANHÓIS *Josep M. Buades*
OS FRANCESES *Ricardo Corrêa Coelho*
OS INDIANOS *Florência Costa*
OS INGLESES *Peter Burke e Maria Lúcia Pallares-Burke*
OS IRANIANOS *Samy Adghirni*
OS ITALIANOS *João Fábio Bertonha*
OS JAPONESES *Célia Sakurai*
OS LIBANESES *Murilo Meihy*
OS MEXICANOS *Sergio Florencio*
O MUNDO MUÇULMANO *Peter Demant*
OS PORTUGUESES *Ana Silvia Scott*
OS RUSSOS *Angelo Segrillo*

Proibida a reprodução total ou parcial em qualquer mídia sem a autorização escrita da Editora.
Os infratores estão sujeitos às penas da lei.

A Editora não é responsável pelo conteúdo deste livro.
O Autor conhece os fatos narrados, pelos quais é responsável, assim como se responsabiliza pelos juízos emitidos.

Consulte nosso catálogo completo e últimos lançamentos em **www.editoracontexto.com.br**.

Andrew Traumann

OS COLOMBIANOS

Copyright © 2018 do Autor

Todos os direitos desta edição reservados à
Editora Contexto (Editora Pinsky Ltda.)

Fotos de capa
Ana Caroline Moreno

Montagem de capa e diagramação
Gustavo S. Vilas Boas

Coordenação de textos
Carla Bassanezi Pinsky

Preparação de textos
Lilian Aquino

Revisão
Mariana Carvalho Teixeira

Dados Internacionais de Catalogação na Publicação (CIP)
Andreia de Almeida CRB-8/7889

Traumann, Andrew
Os colombianos / Andrew Traumann. – São Paulo :
Contexto, 2018.
208 p. : il. (Povos & civilizações)

Bibliografia.
ISBN 978-85-520-0041-9

1. Colômbia – História 2. Colômbia – População 3. Cultura –
Colômbia 4. Povos Latinos 5. Colômbia – Usos e costumes
6. América Latina – História I. Título II. Série

18-0081   CDD 986.1

Índices para catálogo sistemático:
1. Colômbia – História

2018

Editora Contexto
Diretor editorial: *Jaime Pinsky*

Rua Dr. José Elias, 520 – Alto da Lapa
05083-030 – São Paulo – SP
PABX: (11) 3832 5838
contexto@editoracontexto.com.br
www.editoracontexto.com.br

Dedico este livro à memória de meus pais Michael e Mary, aos meus irmãos Thomas, Jonathan, David e Elisabeth (In Memoriam) e à minha esposa Fabiana Laduano, cuja paciência e amor foram uma fortaleza para mim nos momentos mais difíceis. Dedico também este livro aos colombianos! ¡Gracias por su cariño!

SUMÁRIO

INTRODUÇÃO	9
QUEM SÃO OS COLOMBIANOS?	11
Estereótipos ou a reputação dos colombianos	15
AS MARCAS DA GEOGRAFIA E A DIVERSIDADE ÉTNICA	23
A Colômbia, seus vizinhos, o Brasil e os EUA	27
VIDA URBANA	35
Bogotá	35
Medellín	39
Cartagena das Índias	42
O ESPANHOL DOS COLOMBIANOS	47
O mais bem falado do mundo?	47
Ditos populares	48
Expressões cotidianas	49
Para falar como um colombiano	50
DO QUE GOSTAM E COMO SE DIVERTEM	51
Festas	51
Música e ritmos	59
Concursos de Miss: uma obsessão	70
Esportes	72
Novelas	85
ARTES	91
A literatura de Gabriel García Márquez	91
Outros autores colombianos	95
As artes plásticas de Fernando Botero	96
Há cinema de qualidade na Colômbia	100

FAMÍLIA, MULHERES, JOVENS E GAYS	107
As colombianas	109
LGBTs	111
Juventude	113
CULINÁRIA	115
Bebidas	118
ECONOMIA	123
NARCOTRÁFICO	129
Os principais *narcos* colombianos	132
Plata o plomo: Ascensão e queda de Pablo Escobar	134
HISTÓRIA	149
A Colômbia antes dos colombianos	149
A colonização espanhola	151
O processo de independência	154
Livres! E agora?	163
A morte de Bolívar e o fim da Grã-Colômbia	166
Liberais *versus* conservadores	167
A Guerra dos Mil Dias e a perda do Panamá	170
MARCADOS PELA VIOLÊNCIA	175
O Massacre das Bananeiras	175
El Bogotazo	176
La Violencia	179
As Farc e os demais grupos guerrilheiros	181
Álvaro Uribe: a mão pesada	192
A paz, enfim?	194
CONSIDERAÇÕES FINAIS	199
BIBLIOGRAFIA	201
O AUTOR	203
AGRADECIMENTOS	205

INTRODUÇÃO

É estranho como alguns estereótipos se fixam na cabeça das pessoas. Se, para muitos, o Vietnã ainda é sinônimo de uma guerra que já terminou há mais de quarenta anos, a Colômbia, na cabeça de muita gente, remete apenas ao bandido Pablo Escobar, morto há mais de vinte, ao narcotráfico e à violência. Sim, o narcotráfico é importante para se compreender os colombianos, mas de forma alguma o país e sua população se reduzem a isso. É o que veremos ao longo deste livro.

Etnicamente, os colombianos lembram os brasileiros, com sua forte miscigenação entre brancos, negros e indígenas. Na Colômbia, todos os climas se fazem presentes: tropical em San Andrés, equatorial na região amazônica, mediterrâneo em Boyacá, oceânico no lago de Tota, desértico frio na Villa de Leyva e polar em Nevado Del Ruiz. Suas praias são belíssimas, levando milhares de brasileiros a conhecer o Caribe sem precisar se deslocar até a República Dominicana.

Politicamente, ao contrário de seus vizinhos, os colombianos praticamente desconhecem golpes militares; na Colômbia, a esquerda é tremendamente frágil e o país não teve governos populistas. Ou seja, nesses aspectos, a trajetória dos colombianos é única. Isso não significa que a Colômbia tenha uma história tranquila, pelo contrário. Por fatores que o leitor conhecerá no decorrer do livro, a violência se tornou um triste padrão de resolução de questões políticas no país. Mas, em várias situações, os colombianos têm demonstrado capacidade de superar problemas terríveis e seguir com suas atividades cotidianas em circunstâncias que, para o observador estrangeiro, pareceriam desesperadoras.

A economia da Colômbia também vai muito além das drogas; o país é um grande produtor de petróleo e esmeraldas, e seu café de qualidade é apreciado em várias partes do mundo. A estabilidade econômica local, em muitos momentos, pode fazer inveja a outros países da América do Sul.

De fato, a Colômbia é muito mais do que vidas desperdiçadas e oportunidades não aproveitadas. Os colombianos podem se orgulhar de ter como conterrâneos um dos maiores escritores latino-americanos de todos os tempos, Gabriel García Márquez, um grande pintor e escultor reconhecido mundialmente, Fernando

Botero, e uma estrela *pop* de primeira grandeza, Shakira. Além disso, posso afirmar sem medo de errar que o melhor da Colômbia é o colombiano. Creio que o Brasil teve uma pequena demonstração disso na solidariedade espontânea e desinteressada dos habitantes de Medellín que lotaram um estádio de futebol para homenagear uma equipe brasileira em ascensão e que vivera uma tragédia em 2016. E o que dizer da diretoria do Atlético Nacional, que abriu mão de um título e da polpuda premiação para gentilmente cedê-la à Chapecoense?

Os colombianos são um caso de amor para mim. Uma viagem fortuita (que poderia ter sido para os vizinhos Chile ou Peru) acabou me levando à Colômbia, e de lá na verdade nunca mais saí. Essa viagem levou a outras, favorecendo a construção de amizades e relações profissionais. Passei a acompanhar o noticiário do país como se lá estivesse. Comecei a estudar a fundo a história dos colombianos e a me interessar pelas várias dimensões de sua cultura. Além de entender as questões políticas, me apaixonei pela teledramaturgia (e tive que encarar vários olhares incrédulos até dos próprios colombianos quando dizia que acompanhava suas novelas), pelo cinema e pela música. Os vários estilos musicais colombianos se tornaram companheiros permanentes nos meus fones de ouvido e remetem constantemente àquele país, com suas cores, vozes e cheiros marcantes.

No entanto, o meu olhar é o de um brasileiro, de alguém que vê de fora o que muitas vezes os próprios colombianos não percebem. (A condição de estrangeiro faz com que muitas vezes tenhamos uma visão mais clara de certos aspectos do cotidiano que já foram naturalizados pelos locais.) Em momento algum me privo de mostrar também aspectos não tão edificantes de sua sociedade.

Acredito que conhecer a cultura, a história e o cotidiano de um povo tão variado e complexo, tão diferente, mas ao mesmo tempo com tantas semelhanças com o nosso, como os colombianos, é uma experiência enriquecedora. Espero que este livro leve o leitor a reavaliar entendimentos anteriores, aprender mais sobre esses nossos irmãos latino-americanos e até, quem sabe, descobrir que os colombianos, com suas singularidades evidentes, estão muito mais perto de nós do que se imagina.

QUEM SÃO OS COLOMBIANOS?

A Colômbia é o país de Pablo Escobar, da cocaína e da guerra civil, ou o país de Gabriel García Márquez, Fernando Botero e Shakira? É o país da violência urbana da periferia de Cali ou dos paraísos naturais como Cartagena e San Andrés? É o da cabeleira solta de Valderrama ou da peruca da atriz da novela *Betty, a feia*?

É um pouco de tudo isso e muito mais. Banhada pelo oceano Pacífico e pelo mar do Caribe, a Colômbia é andina, caribenha e amazônica. Tem uma elite exclusivamente branca, mas é majoritariamente um país mestiço ou, como se diz na América Hispânica, sua população é *criolla*, formada por descendentes de espanhóis que nasceram na colônia e que se miscigenaram com os locais.

A Colômbia tem cerca de 50 milhões de habitantes, sendo o terceiro maior país da América Latina (atrás apenas de Brasil e México). Politicamente, o território colombiano é dividido em 32 departamentos (que seriam equivalentes ao que chamamos de "estados") e um "distrito federal", a capital Bogotá. Os departamentos com maior peso político e econômico localizam-se na região andina, onde vivem 34 milhões de pessoas. São eles: Cundinamarca (onde fica Bogotá), Antioquia (cuja capital é Medellín) e Valle Del Cauca (Cali é a capital). O único departamento de peso localizado fora do "eixo andino" é o departamento do Atlântico (cuja capital é Barranquilla).

Apenas 3% da população vive na gigantesca região amazônica, que corresponde a mais de 50% do território colombiano. Isso ocorre por duas razões: uma é que boa parte dessa região possui floresta tão densa ou relevo tão montanhoso que se torna quase inacessível à ocupação humana. A segunda razão decorre da primeira: justamente por ser inacessível, essa região se tornou um local propício para abrigar guerrilheiros e grupos paramilitares que se digladiaram por décadas no país.

A acidentada geografia da Colômbia é um dos principais fatores que explicam a fragmentação da população colombiana, muito maior do que ocorre na maioria dos países da América. Historicamente sem meios de transporte e de comunicação eficientes e tendo desenvolvido interesses econômicos e políticos diversos, as diferentes

12 | Os colombianos

MAPA POLÍTICO DA COLÔMBIA

Mapa político da Colômbia com seus 32 departamentos (o equivalente ao que chamamos de estados), com as respectivas capitais.

regiões isolaram-se umas das outras e formaram identidades regionais muito distintas. Se perguntarmos a um colombiano de onde ele é, provavelmente ele responderá mencionando sua região de origem, por exemplo: "sou antioquenho", antes de dizer "sou colombiano". O distanciamento que marcou as populações regionais dificultou a criação de um sentimento nacional. Assim, os colombianos são patriotas, mas a seu modo. As comemorações das datas nacionais, por exemplo, não os levam a agitar com muito fervor a bandeira tricolor. Mesmo tendo sido o epicentro das revoltas da independência no século XIX (depois de haver sido o eixo do poder colonial espanhol no norte da América do Sul), a Colômbia independente não logrou unir as populações de seu território em torno de um forte sentimento comum. Além do fator geográfico mencionado, o jogo de poder hegemônico também não ajudou a criar entre os colombianos fortes laços nacionais, porque ele nunca chegou, de fato, a promover a participação do cidadão médio. Historicamente, o poder foi uma arena em que predominavam os "pais fundadores da pátria" (Bolívar, Santander etc.) e, depois, as lideranças dos dois principais partidos políticos. Mais tarde, como veremos adiante, problemas ligados primordialmente à posse da terra levaram a uma guerra civil, na qual interesses de guerrilheiros marxistas confrontados com os de paramilitares de ultradireita fizeram dos civis colombianos meros peões em um tabuleiro de xadrez.

A Colômbia faz fronteira com cinco países: Brasil, Peru, Equador, Panamá (que até 1903 era um departamento da Colômbia) e Venezuela. Mas possui uma identidade nacional distinta deles. Há uma série de questões geográficas, climáticas, políticas e econômicas que fazem da Colômbia um país singular.

Seria cair no clichê mais óbvio afirmar que "a Colômbia é uma terra de contrastes", porque basicamente todos os países também o são, mas se há algo que caracteriza bem este país é a heterogeneidade de culturas, sotaques e estilos de vida, como se existissem "várias Colômbias" em uma. A Colômbia é um país complexo, uma verdadeira colcha de retalhos distintos geográfica e administrativamente. O país esteve no centro do que foi o antigo Império Espanhol e sintetiza tudo o que foi característico do processo geopolítico, econômico e social hispano-americano entre os séculos XVI e XIX. Seus habitantes foram os que mais contribuíram e participaram da Guerra de Independência: seus soldados combateram na Venezuela, Equador e Peru. Ainda hoje, as antigas oligarquias de origem espanhola continuam sendo as donas da maior parte das terras, além de controlar a mídia, a política, o comércio e a indústria no país.

Em geral, o sentimento de orgulho nacional costuma surgir em uma comunidade que alcança certo bem-estar e consegue identificar a existência de certa identidade entre as diferentes culturas e estratos sociais que a compõem; essa identidade encontra lugar em uma narrativa histórica compartilhada capaz de criar laços entre as pessoas mesmo que seja mais baseada em mitos nacionais do que realmente em fatos. Na Colômbia, no entanto, ainda não houve espaço para unanimidades em torno de mitos nacionais e fortes sentimentos de orgulho patriótico, pois a realidade se impôs de uma forma brutal: conflitos e violências constantes ao longo da história penalizaram e dividiram muito a sociedade. A baixa participação política criou no colombiano médio um sentimento de desconfiança em relação ao governo e às autoridades de uma forma geral.

Diante de um Estado muitas vezes ausente, os colombianos se apegaram a duas outras instituições que acabaram sendo consideradas os pilares da sociedade local: a Igreja e a família.

As vivências da guerra, a péssima imagem do país no exterior (que só aos poucos vem mudando), as desigualdades sociais internas, a violência urbana – tudo isso faz com que, muitas vezes, os colombianos demonstrem ceticismo em relação ao futuro da Colômbia e pensem em imigrar. Por outro lado, quando estão longe de casa, poucos povos são tão saudosos de seu país como os colombianos, que vivem sentindo falta de comer *ajiaco*, beber aguardente e ouvir *vallenato*. Assim, o "nacionalismo colombiano" é emocional e ligado à memória afetiva. Não se trata de um sentimento patriótico clássico que exalte os grandes feitos de seus líderes políticos como se vê, por exemplo, nos EUA, mas sim o orgulho de sua gente trabalhadora e empreendedora, de suas incontáveis belezas naturais, de seus destaques no esporte e nas artes.

O que mais une os colombianos? Viver por tantos séculos dentro das fronteiras que definem um país independente deu a eles a sensação de compartilhar uma história e realidade comuns? Sim: por exemplo, os colombianos desenvolveram algo que chamo de "cultura do recomeçar", ou seja, uma capacidade de se renovar constantemente a despeito dos períodos de violência (inéditos na América do Sul) que assolaram o país e causaram muito sofrimento a todo o povo colombiano sem distinção. Voltaremos a esse assunto com mais detalhes ao longo do livro, mas alguns exemplos dessa cultura de *seguir adelante* são o renascimento de Medellín e o acordo histórico de paz com as Forças Armadas Revolucionárias da Colômbia (Farc). Os habitantes de Medellín conseguiram superar um momento histórico terrível, em que os ataques à bomba ocorriam quase que diariamente, e passaram a desfrutar de uma cidade considerada exemplo mundial de mobilidade urbana e que atrai turistas de diversas partes do mundo. Cinquenta anos de guerra civil foram encerrados pelo mencionado acordo de paz e os níveis de violência urbana nas metrópoles colombianas, antes compatíveis com os de qualquer país em guerra, estão hoje dentro da média de outros países para cidades de mesmo porte.

Assim, um dos maiores elogios que se pode receber na Colômbia é ser considerado alguém *echado para adelante*, que podemos traduzir como alguém que olha sempre para frente sem ficar se lamentando pelo que passou. Um bom retrato dos colombianos.

ESTEREÓTIPOS OU A REPUTAÇÃO DOS COLOMBIANOS

A reputação do povo colombiano se constrói sobre as ideias, percepções e experiências (sejam elas reais ou imaginárias) que têm os visitantes no país e os estrangeiros em contato com colombianos no exterior (especialmente nos EUA), além dos filmes e séries associados à Colômbia. Há, com relação aos colombianos, estereótipos tanto positivos quanto negativos, que dependem também do ponto de vista de quem os cria ou reproduz. A seguir, uma lista dos mais comuns.

- "Os colombianos são *trabalhadores*". Essa ideia surgiu muito ligada aos que atuam no *Eje Cafetero* (Eixo Cafeeiro), mas tem beneficiado os colombianos como um todo no exterior. De fato, o caráter liberal e empreendedor do departamento de Antioquia (ver capítulos "Economia" e "História"), orgulhoso de sua riqueza e autonomia frente ao poder central, leva os colombianos que lá habitam a acreditar de uma forma geral no poder da dedicação e do trabalho duro para atingirem seus objetivos. Assim, trabalhar bastante é mesmo um valor.
- "Os colombianos são *felizes*". Essa não é só uma percepção do olhar estrangeiro baseada na experiência de conhecer o espírito festeiro e hospitaleiro dos colombianos. Essa é também uma autoimagem que os colombianos gostam de cultivar, autointitulando-se o "povo mais feliz do mundo". Ela surgiu de pesquisas que apontaram o povo colombiano como satisfeito, contente, animado, que gosta de festejar, e que foram reproduzidas repetidas vezes pela mídia, tornando-se parte do inconsciente coletivo colombiano. Concretamente, a Colômbia é um dos países com menor incidência de depressão do continente americano. Contudo, não se pode dizer que os colombianos são mesmo felizes, pois, se assim fosse, eles seriam também o povo mais indiferente, incapaz de reconhecer que o país possui muitos problemas, como a pobreza, a corrupção, a violência urbana, os refugiados internos (*desplazados*)

e as marcas dos anos de violência decorrente do narcotráfico e da guerra civil de 1946-1958, cujos efeitos são sentidos até hoje. Assim, a bem da verdade, podemos dizer que os colombianos são alegres, embora não felizes. São coisas distintas. Os colombianos de fato possuem um espírito festeiro e adoram *bailar*, sempre com um sorriso contagiante no rosto. Qualquer coisa é motivo para *rumbear* (festejar) na Colômbia. Como eles mesmos dizem: "*Celebramos porque sí y porque no*". A antropóloga e professora francesa Florence Thomas, radicada na Colômbia desde a década de 1970, afirma que há certo desespero na alegria colombiana (uma espécie de fuga dos problemas, especialmente familiares, pois há muitos lares desfeitos no país), e este desespero é simbolizado especialmente no consumo excessivo de álcool entre os jovens (o que acaba sendo um flagelo social). Porém, concordemos ou não com essa avaliação, podemos dizer que se trata de uma população sedenta de vida e com uma enorme vontade de virar as piores páginas da sua história. Os colombianos acreditam que todas as manhãs deve se preparar a *arepa* e a *aguapanela* (ver capítulo "Culinária") e seguir adiante, pois não importa o que aconteça, a vida está aí para ser vivida e o tempo não para.

- "Os colombianos são *acolhedores*". Esta imagem se aplica especialmente a Antioquia, Santander, Caldas e ao litoral. A arte de receber bem (oferecer comida e bebida, mostrar as belezas regionais aos visitantes, dar informações e prestar auxílio com simpatia) é uma tradição ancestral dessas regiões; os colombianos são um povo muito amável e educado. Mas ser bom anfitrião é também quase como que um dever patriótico elaborado nas últimas décadas para desconstruir os persistentes estereótipos negativos. Os colombianos têm plena consciência da má imagem do país no exterior (reforçada quando se veem no departamento de imigração de qualquer outro país) e tentam combatê-la sendo simpáticos e mostrando com orgulho o lado bonito da Colômbia e de sua gente. Conforme essa tendência mais recente, a empolgação com que os colombianos falam de seu país acaba sendo contagiante. Alguém mais cínico poderia citar interesses comerciais para explicar por que os colombianos elogiam tanto o país, mas basta conhecê-los (especialmente os das regiões citadas) para perceber que se trata de um desejo autêntico de que você se apaixone pela Colômbia tanto quanto eles. É genuíno. Eles realmente amam o país e querem que você sinta o mesmo.

- "Os colombianos são *solidários*". Sim, em geral, eles se preocupam realmente com o outro. Num primeiro momento, o estrangeiro acostumado ao superficialismo de cumprimentos como "Bom dia, tudo bem?" pode estranhar que o colombiano não só lhe retribui a saudação, mas quer saber mesmo se você está bem. Ele se colocará à disposição para qualquer eventualidade e lhe estenderá a mão nos momentos mais difíceis de forma sincera e desinteressada. Além da tragédia da Chapecoense, que fez com que o Brasil e o mundo conhecessem a generosidade colombiana, posso testemunhar que também já fui alvo desse reconfortante calor humano. Há alguns fatores históricos e sociais que podem explicar isso: primeiro, a empatia. Depois de passarem por décadas de uma violência que atingiu toda a sociedade sem distinção, os colombianos têm uma facilidade maior em se ver na dor do outro. Eles também perderam pessoas queridas em tragédias, então são capazes de saber o que o outro sente e procuram ajudar. Outro fator é que os colombianos em geral são gregários; o histórico de violência desenvolveu nos colombianos um sentido de proteção mútua muito forte. As famílias são grandes, as pessoas conversam com seus vizinhos todos os dias, e este sentido de comunidade se estende aos estrangeiros quando estes se encontram no país. Como há uma tradição de hospitalidade também muito arraigada, o estrangeiro acaba sendo muitas vezes duplamente abençoado pela amabilidade dos colombianos.

- "Os colombianos são *criativos*". Eles foram praticamente obrigados, pelas circunstâncias socioeconômicas, a improvisar, inventar, saber "dar um jeitinho". Criaram até uma expressão para definir as coisas e os expedientes que, graças a essa "criatividade", supostamente só são vistos por lá: *colombianada*. Assim, na Colômbia, é possível alugar máquinas de lavar roupa, emprestar aparelhos celulares nas ruas, comprar com facilidade peças de automóvel que já saíram de linha. Se alguém precisa lavar roupa e não tem máquina, pode fazer um telefonema solicitando uma; a máquina é entregue na casa dessa pessoa, que pagará por isso um aluguel de acordo com a quantidade de dias em que ficar com o eletrodoméstico. Se a pessoa quiser receber também sabão e amaciante, eles serão também entregues e cobrados à parte. Com relação aos celulares: moças e rapazes, geralmente menores de idade, que trabalham para os donos dos aparelhos, ficam nas ruas vestidos com coletes de muitos bolsos, em cada um deles guardam um celular preso à roupa por uma corrente. Em troca de uma quantia em dinheiro, um sujeito que precisa fazer uma chamada pode usar um desses aparelhos. Geralmente, isso é feito para telefonemas rápidos, como avisar sobre um atraso, já que não há privacidade alguma, uma vez que o "cliente" fica preso pela corrente a menos de um metro do *minutero* (como é chamado quem "aluga" o celular). Com a popularização dos aparelhos celulares, o serviço perdeu demanda, mas ainda pode ser encontrado nas ruas das principais cidades colombianas.

Na Colômbia, tem sempre alguém conseguindo "o que o cliente precisa", ou seja, vendendo qualquer coisa. Certa vez passei por uma situação curiosa em Barranquilla. Estava com uma amiga que jogava futebol e ela procurava um par de chuteiras. Depois de entrarmos em todas as lojas de artigos esportivos sem, contudo, encontrarmos seu número, decidimos perguntar a uma senhora que vendia ervas medicinais numa barraquinha se ela sabia onde podíamos encontrar chuteiras. A velhinha decidida disse: "¡*Un minutico!*" e desapareceu. Alguns minutos depois retornou com meia dúzia de pares de chuteiras, e minha amiga saiu satisfeita. Desde então uma das piadas daquela viagem passou a ser: "Vou à farmácia comprar macarrão" ou "Vou à quitanda comprar um livro", em homenagem à criatividade comercial dos nativos.

Na Colômbia, também é comum que desempregados consigam ganhar uns trocados guardando lugares para outras pessoas nas várias filas que o cidadão enfrenta no dia a dia, nos postos de saúde, nos pontos de ônibus, nos bancos etc. Quanto mais tempo tiverem que passar na fila, maior o preço do serviço. Uma *colombianada* clássica no trânsito: três ou até mais pessoas em uma moto, e ainda carregando caixas, sacolas etc. Certa vez peguei um táxi em Bogotá e percebi que o carro não possuía retrovisor; como havia se quebrado, o motorista o substituíra por um singelo espelhinho de maquiagem.

- "Os colombianos têm a '*malicia indígena*'". Expressão bastante conhecida no país, a "malícia indígena" seria mais ou menos o equivalente ao nosso "jeitinho brasileiro". Fala-se da malícia indígena como algo que o colombiano traz no sangue: a capacidade de sobreviver e se dar bem pela astúcia, pela falsa submissão. A expressão tem origem na estratégia usada por muitos indígenas na época colonial de fingir aceitar o catolicismo imposto pelos dominadores enquanto seguiam sua fé ancestral em âmbito privado. Ela é muitas vezes utilizada na mídia para ilustrar a criatividade dos mais pobres de driblar as adversidades em um país socialmente tão desigual. No entanto, na atualidade, vem prevalecendo seu sentido negativo, associado ao que no Brasil chamamos de "malandragem", ou seja, driblar as normas para auferir vantagens pessoais, cultivar uma moral dúbia. Você já ouviu falar em *overbooking* no cinema? Na Colômbia existe. Numa prática (que felizmente vem diminuindo), muitos cinemas vendem mais entradas do que os assentos disponíveis, prejudicando os espectadores.

- "Os colombianos são *dançarinos natos*". Essa fama vem da popularização mundial da salsa, da cúmbia e de outros ritmos musicais da Colômbia, além do talento de artistas dançarinos, como a cantora Shakira. É claro que nem todos os colombianos sabem dançar bem, muito menos como a Shakira. Porém, as mulheres e os homens colombianos não têm vergonha de rebolar bastante quando dançam, e parecem fazê-lo com muita naturalidade.
- "Os colombianos são *impontuais*". Sim. Além de deixar tudo para a última hora, como nós, brasileiros, a pontualidade não é exatamente uma característica dos colombianos. É difícil explicar por que isso ocorre, mas talvez seja um excesso de informalidade desenvolvido como compensação às hierarquias existentes na sociedade. O fato é que existe até a expressão "hora-Colômbia", que significa mais ou menos meia hora após o horário combinado. Além de atrasar, é normal que o colombiano ligue esbaforido para quem o espera dizendo que chegará "em cinco minutinhos", mesmo quando acabou de acordar e ainda nem saiu de casa. Claro que nem todos os colombianos são assim, especialmente quando se trata de reuniões de negócios. Porém, digamos que se um jantar entre amigos está marcado para as nove da noite na casa de um colombiano e o convidado for pontual, provavelmente encontrará o anfitrião ainda saindo do banho e será gentilmente convidado a ajudá-lo no preparo dos pratos...
- "Os colombianos são *bem-humorados*". Eles de fato têm um senso de humor extremamente afiado, pensam rápido e adoram um trocadilho. Assim como ocorre no Brasil, na Colômbia as brincadeiras e piadas feitas com amigos e conhecidos são muito comuns e nunca terminam. "Não dê mole", pois, mesmo sem ter tanta intimidade com você, eles não perderão a chance de fazer piada. Como diz um ditado local "*Papaya puesta es papaya partida*" (literalmente: "Papaia dada é papaia cortada". "*Dar papaya*" é o sinônimo colombiano de ficar desprevenido, baixar a guarda, dar mole, vacilar. Assim, esse ditado significa algo como "você vacilou, agora aguente").
Os colombianos também acham muita graça em piadas sobre *campesinos* (caipiras), estereótipos regionais, sogra, vida de casado e, claro, piadas com forte conteúdo sexual.
- "Os colombianos *adoram pechinchar e não desperdiçam nada*". Sim, os colombianos adoram regatear e sempre dizem que não têm "nem mais um peso no bolso" para tentar sensibilizar o vendedor e fazê-lo baixar o preço. Não chega a ser algo parecido com o que ocorre no Oriente Médio, onde pechinchar é uma arte, mas, sobretudo no mercado informal, dificilmente o colombiano

aceita pagar o primeiro preço oferecido. Quanto a não desperdiçar, alguns hábitos presentes no país dão um novo significado à expressão "pão-duro". Por exemplo, enrolar pilhas em papel alumínio e colocá-las no congelador para "recarregá-las" (eles juram que as pilhas ganham uma sobrevida) e cortar a embalagem da pasta de dente ao meio para raspar os restos do produto, somente a atirando ao lixo quando não restar mais absolutamente nada para usar. Há ainda aqueles que, quando num congestionamento, preferem descer e empurrar o carro a ligar o veículo para andar uns poucos metros.

Outro costume ligado ao comércio é o cliente pedir a *ñapa*, um hábito antiquíssimo provavelmente herdado dos espanhóis. Trata-se de pedir ao comerciante que lhe dê algo de brinde após a compra como gesto de gentileza com relação ao freguês. Por exemplo: pedir uns gramas a mais de queijo ou presunto ou uma maçã grátis como "recompensa" por uma grande compra de frutas. As crianças, quando enviadas por seus pais às padarias, costumam pedir balas ou pirulitos como *ñapas*. Nos bairros, comerciante que não concede a *ñapa* pode perder a freguesia, pois ganha fama de *tacaño* (avarento). O arroz *pegado* (aquele que fica grudado no fundo da panela, meio queimado e com cheiro de óleo, e que os brasileiros em geral desprezam) foi elevado à categoria de iguaria entre os colombianos (não, eu não tive coragem de prová-la) para não ser desperdiçado. E, finalmente, os colombianos economizam em alguns gestos: se você perguntar uma direção para um colombiano, olhe bem para o seu rosto, pois ele não te indicará a direção apontando com o dedo, mas com a boca. Os colombianos mostram onde estão locais, pessoas e objetos fazendo um "biquinho" muito engraçado.

- "Os colombianos são *machistas*". A Colômbia é de fato um país muito machista e só recentemente vem dando passos na tentativa de mudar esse cenário. É evidente que isso não é uma exclusividade colombiana e muitas das situações aqui relatadas não são difíceis de encontrar no Brasil. Contudo, não se pode negar a força desse tipo de pensamento no país. Lá ainda é bastante comum que o homem seja o responsável pelo sustento do lar, e em lares sem pai é esperado que o primogênito, mesmo que ainda seja um adolescente, assuma o posto de "chefe da casa" e controle a vida da mãe e das irmãs. No país, segundo dados de 2016, pouco mais da metade das mulheres trabalha ou está buscando emprego e raramente se vê mulheres em cargos de chefia. Além disso, como em países vizinhos, existe uma grande distância salarial entre homens e mulheres (ver capítulo "Família, mulheres, jovens e gays"). A Colômbia é o segundo país latino-americano em casos de feminicídio

(atrás apenas do México). Essa vergonha internacional levou o Judiciário a promulgar em 2015 uma lei específica para esse crime e que leva o nome de Rosa Elvira Cely, morta em um parque em Bogotá depois de ser espancada, violentada e empalada pelo colega de um curso supletivo noturno. Sua morte foi descrita por sua irmã Adriana Cely como resultado de uma verdadeira cadeia de irresponsabilidades: a ambulância demorou a atendê-la, o atendimento no hospital que a recebeu também foi vagaroso e a infecção que a matou, provocada pelo empalamento, poderia ter sido evitada se Rosa tivesse sido prontamente atendida. A nova lei estabelece penas de até 50 anos de prisão para os criminosos. Evidentemente, essa é uma grande vitória da cidadania, que vem levando, ao menos nas cidades maiores, a uma mudança de mentalidade sobre os direitos da mulher e seu papel na sociedade.
Numa pesquisa realizada em 2012, 41% dos homens admitiram ter sido infiéis no casamento, enquanto apenas 7% das mulheres admitiram o mesmo. Nesta mesma pesquisa, 92% dos adultos dizem ter sido perdoados por seus pares. Trata-se de uma realidade muito triste que constatei na convivência com os colombianos: infelizmente, a infidelidade e o perdão são um ciclo vicioso que reflete tanto a mentalidade machista de pensar que "os homens são assim mesmo" transmitida de mãe para filha, como principalmente a dependência econômica e emocional à qual estão submetidas muitas mulheres em relação a seus parceiros. Nas famílias colombianas, a estrutura patriarcal se reflete no cotidiano de pais e filhos. Por exemplo, se um filho pede autorização para sair à noite, é comum ouvir da mãe: "Pergunte a seu pai". Se o filho desobedece à mãe em algo, ela o ameaça: "Quando seu pai chegar, vou contar pra ele". Na escola, se um menino que sofre uma agressão de um colega disser "vou contar ao meu pai", o efeito de ameaça será muitíssimo maior do que se disser que vai "contar à mãe". Todas as meninas (com exceção das famílias que contam com empregadas domésticas) aprendem desde cedo a passar, cozinhar e limpar, como se essas fossem suas funções naturais em um lar – o mesmo não se espera dos meninos. Enfim, o machismo é uma questão cultural profundamente arraigada em toda a sociedade colombiana, e, muitas vezes, são as próprias mulheres que o reproduzem. Uma mudança nesse sentido, portanto, não passa somente pelas leis, mas pela educação.

- "Os colombianos são *usuários de drogas*". A associação entre colombianos e consumo de drogas é recorrente fora do país. Jornais, filmes e livros estrangeiros repetem à exaustão esse lugar-comum, lembrando sempre também a vinculação da Colômbia com o narcotráfico. Às vésperas da Copa do Mundo de 2014, Nicolette van Dam, atriz holandesa e então embaixadora da Unicef, publicou uma montagem no Twitter na qual os jogadores colombianos Falcao García e James Rodríguez "cheiravam" a linha lateral de um campo de futebol como se fosse uma "carreira" de cocaína. Colombianos no mundo todo se mobilizaram contra a ofensa, assim como a diplomacia colombiana, e no dia seguinte a Unicef anunciou que a atriz não fazia mais parte dos seus quadros. Apesar da punição exemplar, as piadas com o tema continuam ferindo o orgulho dos colombianos rotulados no mundo todo como traficantes ou apreciadores de cocaína.

Esses estereótipos surgiram inspirados pelo fato real de o tráfico e a guerra relacionada às drogas no país terem matado ou mutilado centenas de milhares de pessoas desde meados do século XX, envolvendo a todos. Dificilmente você conhecerá um colombiano que não tenha perdido um parente, amigo ou conhecido vítima da guerra civil. Contudo, o consumo de drogas existe, é claro, mas é muito menor do que se imagina. Segundo um relatório da ONU de 2013, os colombianos são responsáveis pelo consumo de 1,6% da cocaína no mundo. Os EUA é que são os maiores consumidores da droga (com 33%); o Brasil é o segundo colocado (com 18%). A realidade é que a Colômbia é um país produtor e exportador de cocaína, mas não um grande consumidor. E atenção: existe um justificado ressentimento de boa parte da população em relação a essa má fama, principalmente porque, devido a uma guerra pelo controle de uma droga com a qual a imensa maioria jamais teve contato, milhares de vidas foram inutilmente perdidas. Portanto, piadinhas com esse tema (especialmente se feitas por estrangeiros) não são bem aceitas. Mesmo levado a sério, o assunto é cansativo e até muito doloroso para os colombianos. Aborde um colombiano com o qual você não tenha intimidade e tente perguntar, por exemplo, sobre Pablo Escobar; você vai escutar um longo suspiro antes da resposta e quase poderá ouvir seu interlocutor pensar: "Ok, lá vamos nós novamente...".

Veremos em detalhes mais adiante, mas a verdade é que a Colômbia dos anos 1990 retratada, por exemplo, em séries recentes de TV, não existe mais. Felizmente, os colombianos não convivem mais com tiroteios, explosões diárias de carros-bomba, sequestros ou assassinatos de juízes ou presidenciáveis por parte de narcotraficantes.

*

Ao longo deste livro, conheceremos para além dos estereótipos, quem são os colombianos, do que gostam, como falam, o que produzem, o que os diferencia de outros povos.

AS MARCAS DA GEOGRAFIA E A DIVERSIDADE ÉTNICA

Nem sempre a geografia é tão marcante na caracterização de um povo como no caso colombiano. Há até quem diga, com certo exagero, que os Andes determinam a história da Colômbia. Mas sem dúvida a separação imposta pela geografia é fundamental para compreendermos as diferenças socioeconômicas entre as diversas regiões, que resultaram num agudo regionalismo, complicando enormemente os primeiros intentos de organização política.

São três grandes cordilheiras (Ocidental, Central e Oriental) que se abrem como um leque a partir do sul dividido pelos rios Cauca e Magdalena, cujas bacias correspondem a um quarto da superfície do território colombiano. No sudeste, temos terras baixas tropicais e inúmeros rios que desembocam no Orinoco e no Amazonas. A noroeste ficam as costas do Caribe e do oceano Pacífico e a selva do Panamá, ao passo que, ao norte, em Arauca e Santander, localizam-se as reservas de petróleo.

Comparando a Colômbia a um corpo humano, os Andes seriam sua coluna vertebral, e o rio Magdalena, sua artéria aorta que nasce no sul em um vale estreito nos Andes e que vai se alargando à medida que avança para o norte até desaguar no Caribe. A oeste da cordilheira Ocidental fica a região quente e úmida do Pacífico e, a leste, fica a região do Valle del Cauca, muito fértil e, por isso, grande produtor de café, assim como o *Eje Cafetero* (Eixo Cafeeiro), principal região produtora de café da Colômbia localizada na Antioquia. No leste, a cordilheira marca o início de planícies com vastas pastagens que se estendem até as fronteiras com Brasil e Venezuela. No sul, a vasta selva amazônica se estende até Equador, Peru e Brasil. Assim, os Andes dividem a Colômbia e criam um muro entre leste e oeste, separando o território com montanhas, cordilheiras e selvas.

Na época colonial, os espanhóis se instalaram nos Andes atraídos pelo clima andino, semelhante às zonas temperadas da Europa. Assim nasceram Medellín, Bogotá e Cali – cidades separadas entre si pelas cordilheiras, mas unidas pelo rio Magdalena.

REGIÕES NATURAIS DA COLÔMBIA

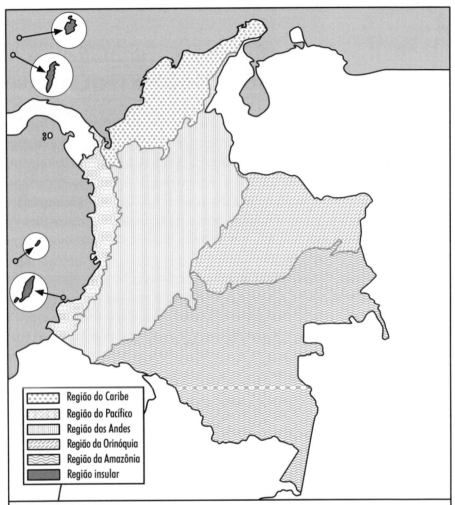

A diversidade colombiana se reflete em sua geografia. O país possui 1.141.748 km². Destes, 67% correspondem a planícies, enquanto o restante se distribui entre relevos montanhosos e ilhas continentais e não continentais. Como podemos observar, a **região amazônica** representa 35% do território do país, sendo também a região menos densamente povoada. Assim como a Amazônia brasileira, trata-se de região de clima bastante quente e úmido. A **região dos Andes**, formada pelas três cordilheiras (Oriental, Central e Ocidental), compreende a área onde vivem 70% dos colombianos e as principais cidades, como Bogotá, Medellín e Cali, entre outras, e onde nascem os principais rios, o Magdalena e o Cauca. A **região caribenha** é uma região plana, de clima quente, mas propenso a chuvas tropicais. Nessa região localizam-se cidades como Barranquilla, Cartagena e Santa Marta. A **região insular** divide-se em ilhas continentais como Tierra Bomba e Isla del Rosario, muito frequentadas por turistas. As maiores, porém, encontram-se na costa do Pacífico, onde se encontra a cidade e porto de Buenaventura, o mais importante porto da Colômbia. A **Orinóquia** é uma região marcada por extensas savanas e afluentes do rio Orinoco. Caracteriza-se pela pecuária e produção petrolífera, a principal riqueza do país. Por fim, a **região do Pacífico** abrange desde a fronteira com o Equador até a fronteira com o Panamá. O índice pluviométrico da região é um dos mais altos do mundo, chegando em alguns pontos a 12 mil milímetros anuais. Nessa região concentram-se a maior parte da população afro-colombiana e também importantes grupos indígenas. As indústrias pesqueira e madeireira constituem a base da economia da região.

A variedade de climas é certamente uma das principais características do país, onde se encontram, a poucas horas de distância, picos nevados, paraísos caribenhos, florestas tropicais e belíssimos rios e montanhas. Por outro lado, devido à proximidade com a linha do Equador, os colombianos desconhecem a sensação provocada por quatro estações definidas. Assim, cada região tem basicamente o mesmo clima o ano todo; em Cartagena, o clima sempre é tropical, em Bogotá, é frio e chuvoso, e em Medellín, é temperado. Isso também contribuiu para o desenvolvimento de estilos de vida regionais diferentes.

A Colômbia é um bom exemplo de país que, como vários outros Estados nacionais, oculta, sob um manto de unidade jurídica e administrativa, a presença de uma grande diversidade étnica e cultural. A maioria da população é *criolla* (mestiça; descendente do cruzamento de espanhóis com nativos), mas também há uma significativa população indígena e negra. As distinções étnicas não se resumem à cor da pele, relacionam-se também ao uso de outros idiomas que não o espanhol e a crenças e costumes distintos, todos hoje amparados pelo artigo sétimo da Constituição colombiana de 1991.

Segundo o censo feito na Colômbia em 2005, 49% da população colombiana se identifica como mestiça; 37%, como branca; 10,6%, como negra; e 3,4%, como indígena.

Os indígenas dividem-se em 87 etnias, sendo que 48 delas vivem na Amazônia colombiana. No passado, essa população foi afetada pela colonização espanhola de diversas formas. A princípio, milhões de índios foram dizimados, sobretudo por doenças trazidas pelos europeus, diante das quais não possuíam imunidade, mas também devido à violência praticada pelos colonizadores. Somente depois de repetidas denúncias de padres e freis sobre as atrocidades cometidas pelos colonizadores, a Coroa espanhola, pressionada pela Igreja, adotou leis relativamente protetoras da autonomia indígena nas regiões onde os índios não eram obstáculos à busca por ouro e prata (incas e astecas, no Peru e no México, respectivamente, não tiveram a mesma sorte). Devido a essa proteção espanhola, no século XIX, muitos grupos indígenas se opuseram à independência da América Latina, pois se sentiam mais seguros jurando lealdade a um rei distante do que à mercê dos mestiços locais que, assim que fosse declarada a Independência, estariam livres para tomar suas terras e escravizá-los. No entanto, a Independência da Colômbia ocorreu, e os nativos tiveram que enfrentar o projeto homogeneizador do novo Estado, para quem a "cidadania" implicava o catolicismo e o uso da língua espanhola. Ou seja, negava aos índios os direitos reservados aos que eram verdadeiramente considerados cidadãos. Os índios da Colômbia tiveram também que se adaptar aos ditames da economia moderna, que os transformou de caçadores e coletores em peões nas fazendas dos *criollos*. Em consequência desse passado, a luta indígena no século XX na Colômbia tem basicamente duas frentes: contra a pobreza, a exploração e a expulsão de suas terras e a favor da preservação de sua cultura, língua e crenças.

A população negra é a terceira maior do continente (após Brasil e EUA). Apesar de apenas 10% dos colombianos se declararem negros, alguns estudiosos estimam que a porcentagem real seja quase 30%. Essa população de origem africana concentra-se, sobretudo, no departamento de Chocó, no Pacífico, onde são 83% da população. Os negros estão também muito presentes nos departamentos de Bolívar e na ilha de San Andrés. Apesar de mais homogênea se comparada à população indígena, a população negra abarca pelo menos dois exemplos de grupos afro-colombianos que se desenvolveram à margem do padrão linguístico e cultural dominante: o de San Basílio de Palenque, no departamento de Bolívar (que é uma espécie de quilombo onde escravos fugidos no início do século XVII desenvolveram língua e cultura próprias) e o que vive nas ilhas de San Andrés, Providencia e Catalina (onde falam um idioma que mistura espanhol com inglês devido à proximidade com a Jamaica, e onde muitos são membros da Igreja batista).

Historicamente, a escravidão na Colômbia possui traços semelhantes ao caso brasileiro. Os primeiros africanos levados como escravos chegaram ao porto de Cartagena, então o mais movimentado do continente americano no século XVI. Em 1821, foi promulgada no país uma "Lei do Ventre Livre", que só libertava de fato o escravo após este completar 18 anos, idade que nem todos alcançavam devido aos maus-tratos recebidos (assim como no caso brasileiro, que restringia a libertação às idades de 18 anos para mulheres e 21 para os homens). Em 1851, 14 anos antes dos EUA e quase quatro décadas antes do Brasil, a Colômbia aboliu a escravidão. Porém, da mesma forma que nestes países, os negros colombianos se tornaram livres, mas não cidadãos. Abandonados à própria sorte, sem direito a voto nem acesso à educação, os afro-colombianos, assim como os indígenas, se tornaram vendedores ambulantes, artesãos e trabalhadores rurais nas propriedades de outras pessoas.

Diferentemente do Brasil, da Argentina ou do Chile, a Colômbia não é uma terra de imigrantes. Isso se deve a dois fatores: primeiro, a políticas herdadas desde os tempos da colonização espanhola, com leis que desestimulavam o ingresso de estrangeiros; segundo, à instabilidade social, política e econômica que marcou a história do país, com conflitos internos, guerras civis e golpes de Estado que, evidentemente, não atraiu muitos estrangeiros em busca de uma vida melhor. Assim, com exceção dos espanhóis, não há na Colômbia grupos de origem europeia em número significativo. Em segundo lugar na população de origem estrangeira vem a colônia sírio-libanesa (predominantemente cristã, mas também muçulmana), que se instalou principalmente na região do Caribe a partir de meados do século XX. Na cidade de Maicao, na fronteira com a Venezuela, foi construída uma das maiores mesquitas da América Latina. Na Colômbia atual, há também uma comunidade judaica estimada em cerca de 30 mil de pessoas, oriundas da Alemanha, Polônia e Ucrânia, que se concentra em Bogotá, Cali e Cartagena.

No que diz respeito à emigração, ou seja, a saída de colombianos do país, o principal destino desde a década de 1960 sempre foi os EUA. Hoje são quase 1 milhão de colombianos vivendo naquele país (se contarmos os descendentes, o número chega a 3,2 milhões). O segundo principal destino dos emigrantes colombianos é a Espanha, com números quase equivalentes.

A COLÔMBIA, SEUS VIZINHOS, O BRASIL E OS EUA

Entre 1821 e 1831, os que são hoje os territórios de Colômbia, Equador, Venezuela e Panamá formavam um único país, a Grã-Colômbia. Com o tempo e por circunstâncias diversas, cada um deles se tornou um país distinto. E as relações colombianas tanto com o Equador quanto com a Venezuela quase sempre envolveram questões relacionadas às fronteiras, como veremos.

A separação do Panamá foi traumática para os colombianos e será tratada no capítulo "História".

Com o Brasil, as relações da Colômbia foram marcadas por certo distanciamento, sendo a Amazônia, nossa fronteira comum, mais um obstáculo do que um instrumento de integração.

Os EUA exercem forte influência no imaginário colombiano. Os países se tornaram muito próximos politicamente, como veremos, e os colombianos consomem avidamente tudo o que é norte-americano, numa admiração genuína não tão comum na América Latina.

Equador

Os limites com o Equador sempre foram particularmente complicados devido à proximidade com os departamentos colombianos de Nariño e Putumayo, onde são cultivados quase 40% da plantação de coca da Colômbia. A presença constante de narcotraficantes, guerrilheiros e paramilitares fez da fronteira uma região praticamente sem lei, onde armas e drogas transitam livremente passando pelo Equador, e também pelo Peru.

A maior crise entre Equador e Colômbia, desde a independência equatoriana em 1822, teve início em 2007, quando o governo colombiano acusou o equatoriano de permitir a penetração de guerrilheiros das Farc em seu território, proporcionando um abrigo seguro para a guerrilha que atacava o sul da Colômbia.

O presidente equatoriano Rafael Correa não apenas praticamente ignorou a reclamação, como ainda aproveitou para acusar o governo colombiano de poluir o território equatoriano com suas pulverizações aéreas de glifosato realizadas para matar as plantações de coca.

Em 29 de fevereiro de 2008, a crise entre os dois países se aprofundou, porque forças militares e policiais colombianas adentraram o território equatoriano sem permissão ou aviso prévio e bombardearam um acampamento das Farc, matando Raul Reyes, o número 2 do grupo, e mais 24 pessoas. A partir desse momento, teve início um diálogo de surdos: o governo colombiano, liderado por Álvaro Uribe, justificava o ataque devido à importância de se abater um dos líderes da maior guerrilha da América Latina, enquanto Correa insistia na questão da inviolabilidade de seu território e, no dia 2 de março, anunciou o rompimento de relações diplomáticas com a Colômbia. O então presidente venezuelano Hugo Chávez prontamente apoiou Correa e não ficou apenas na retórica: enviou dez batalhões para a fronteira com a Colômbia; retirou seu pessoal da embaixada venezuelana em Bogotá e expulsou o corpo diplomático colombiano de Caracas, o que sinalizava para a iminência de uma guerra. Correa apoiava as Farc de forma velada, mas Chávez o fazia explicitamente.

Com essas posturas, Chávez passou a sofrer críticas em seu próprio país, pois a Venezuela não fora invadida pela Colômbia e o presidente parecia prestes a arrastar os venezuelanos para um conflito armado em defesa de um grupo guerrilheiro indesejado pela maioria da população.

Os equatorianos subiram o tom agressivo quando o juiz equatoriano Daniel Mendez pediu a prisão preventiva do então ministro da Defesa (e futuro presidente colombiano) Juan Manuel Santos. Álvaro Uribe, por sua vez, acusou Correa de receber três milhões de dólares das Farc para sua campanha à presidência e de maltratar cidadãos colombianos que viviam no Equador. No dia 7 de março, na reunião do Grupo do Rio (um fórum de consulta que reúne anualmente todos os líderes latino-americanos, fundado no Rio de Janeiro em 1986), para evitar um conflito armado, Uribe se desculpou com alguma relutância pela invasão, alegando que não lhe restava escolha, já que o governo equatoriano recusava-se a colaborar com a Colômbia na luta contra as Farc. Apesar do pedido formal de desculpas, as relações entre Colômbia e Equador se mantiveram rompidas por dois anos, sendo reatadas somente em 2010, já no governo de Juan Manuel Santos. Isso foi possível porque Santos resolveu desatar os nós deixados por seu antecessor. Apesar de ter sido ministro de Uribe, Santos, assim que assumiu a presidência, optou por uma política externa distinta, fazendo o possível para manter uma boa relação com os países vizinhos.

Venezuela

A definição de fronteiras entre Colômbia e Venezuela teve início com a dissolução da Grã-Colômbia em 1831. No entanto, como é tradição na América do Sul, as fronteiras consideradas menos importantes do ponto de vista demográfico ou econômico só são definidas à medida que as áreas em questão vão sendo ocupadas ou que alguma matéria-prima de valor comercial é encontrada. Para que se tenha uma ideia dessa demora, o Tratado de Navegação dos Rios Comuns, que, entre outras medidas, demarcou a fronteira entre os países, só foi assinado em 1941; e tanto o alcance do mar territorial quanto a área de exploração submarina de cada país seguem indefinidos.

No século XX, as relações com a Venezuela se deterioraram progressivamente desde a ascensão de Hugo Chávez e de Álvaro Uribe, no final dos anos 1990. Além de simpatizante das Farc (combatida por Uribe), Chávez fazia parte de uma onda de governantes de centro-esquerda que chegou ao poder nos anos 2000 em países como Argentina, Bolívia, Brasil, Chile, Equador, Paraguai, Peru e Uruguai. Uribe, por sua vez, era (e é) um político que une populismo e direitismo com maestria.

Após o falecimento de Chávez em 2013, a aguda crise econômica que assolou a Venezuela levou à entrada de milhares de venezuelanos nos países vizinhos, sendo a Colômbia o principal destino. No território colombiano, tornaram-se comuns episódios de xenofobia contra os recém-chegados. Ironicamente, nos anos 2000, quando a Venezuela surfava na alta das *commodities*, vários colombianos que para lá imigraram, fugindo da guerra e procurando trabalho, reclamavam exatamente da mesma coisa.

Brasil

Brasil e Colômbia nunca foram muito próximos. A própria Amazônia, com suas peculiaridades, dificulta essa proximidade. A floresta cerrada funciona como um imenso mar verde dividindo os dois países. A baixa densidade demográfica da região amazônica faz com que as relações de fronteiras sejam diferentes das que, por exemplo, o Brasil estabelece com a Argentina, Uruguai ou Paraguai, cujas divisas se localizam em zonas urbanas e de grande intercâmbio comercial. Além disso, os colombianos, por razões históricas, linguísticas e culturais, sempre estiveram mais próximos de outros povos andinos, como equatorianos e venezuelanos (que, relembrando, já fizeram parte da Grã-Colômbia) e peruanos.

O Brasil só assinou o Tratado de Reconhecimento de Fronteiras com a Colômbia em 1907, na gestão do barão do Rio Branco no Itamaraty, após duras negociações. A questão foi eminentemente jurídica. Tradicionalmente, ao lidar com questões fronteiriças, o Brasil aplicava a doutrina *uti possidetis*, ou a posse pelo uso – simplificando, o Brasil reivindicava para si quaisquer territórios habitados por brasileiros. Já nossos vizinhos, e nesse ponto a Colômbia foi uma negociadora muito difícil, insistia no princípio *uti possidetis juris*, que define que a posse das terras seja decidida com base em tratados assinados anteriormente, ainda no período colonial. Para o Brasil, tal argumento não fazia o menor sentido, uma vez que tanto ele quanto os seus vizinhos não eram mais colônias; defendia, portanto, que novos acordos fossem assinados. Claro que cada país buscava utilizar o argumento que mais o beneficiava na aquisição de novos territórios, mas o Brasil, mesmo às vezes concedendo alguns ajustes territoriais, sempre saiu satisfeito nas negociações com seus vizinhos.

Mais de vinte anos depois, no entanto, uma desavença entre Colômbia e Peru respingou no Brasil: a chamada Questão de Letícia. Em 1922, os dois países andinos assinaram um tratado de fronteiras denominado Salomón-Lozano em homenagem aos negociadores dos dois países, no qual o Peru cedia à Colômbia a pequena cidade de Letícia na fronteira com o Brasil. Apesar de diminuta e pobre, a cidade era importante para os colombianos, pois lhes daria acesso à navegação nos rios Amazonas e Putumayo. O Brasil observou as negociações com preocupação, tendo que lembrar ao governo peruano que este poderia negociar o que quisesse com os colombianos, desde que respeitasse os acordos de fronteira já assinados com o Brasil. Em 1925, com a mediação do EUA, foi firmada a Ata de Washington, por meio da qual Brasil, Peru e Colômbia reconheceram suas novas fronteiras, e o Brasil concedeu à Colômbia a livre navegação comercial no Amazonas, como fazia, aliás, com todos os demais países da região.

Tudo parecia estar bem até que, em 1932, um grupo de peruanos armados invadiu Letícia, inconformado com o fato de a cidade ter passado para as mãos da Colômbia. De forma bizarra, o governo peruano apoiou a ação, o que implicava voltar atrás em um acordo internacional que ele mesmo havia assinado; com isso, teve início um conflito internacional. Para evitar uma guerra de maiores proporções, em 1933, a Liga das Nações designou que a região em litígio ficasse sob a administração conjunta de Brasil, EUA e Espanha. No ano seguinte, sob mediação brasileira, os dois países finalmente assinaram a paz (e Letícia ficou com a Colômbia).

Em 1999, o presidente colombiano Andrés Pastrana assinou com o líder norte-americano Bill Clinton o Plano Colômbia (plano de ajuda militar e econômica norte-americana à Colômbia com o intuito de combater o narcotráfico e erradicar as plantações de coca do país; ver capítulo "História"), deixando o Brasil desconfortável. Mais de 81% dos recursos desse plano iriam para o fortalecimento da polícia e do Exército colombianos, e o restante para a fumigação de plantações de coca, que acabava por atingir plantações, rios e animais indiscriminadamente, podendo afetar a biodiversidade brasileira, conforme protestou o presidente Fernando Henrique Cardoso. Além disso, a presença de dezenas de consultores e líderes militares norte-americanos no país vizinho acendeu a luz amarela no Itamaraty, que temia uma entrada direta dos EUA no conflito do governo colombiano com as Farc e que tal ação pudesse transbordar para as fronteiras brasileiras. Além disso, o governo do Brasil não acreditava numa solução puramente militar, que descartasse as negociações políticas com a guerrilha.

Durante o mandato do presidente Álvaro Uribe (2002-2010), o chamado Comando Sul do Exército norte-americano praticamente se instalou no país, militarizando o conflito e quase eliminando qualquer possibilidade de uma paz negociada. Na época, o governo colombiano também se ressentia do que via como simpatia de certos setores do governo Lula em relação às Farc, afirmando que, por isso, o Brasil não fazia tudo o que estava ao seu alcance para promover a paz na Colômbia. A diplomacia brasileira na época, por sua vez, acusou o governo Uribe de ver a Amazônia unicamente pela ótica da securitização, além de permitir a ingerência estrangeira em seus assuntos.

Contudo, embora tenham ocorrido casos indesejáveis de instalação de campos guerrilheiros das Farc no estado do Amazonas, o temor dos diplomatas e militares brasileiros não se concretizou, e o Brasil nunca precisou se envolver diretamente no conflito dos colombianos contra os guerrilheiros narcotraficantes.

Atualmente, no Brasil, vivem cerca de 8 mil colombianos, sendo mil refugiados, constituindo um dos maiores contingentes desse grupo no Brasil. Seguindo sua marcante tradição empreendedora, os colombianos no Brasil, sempre que podem, se dedicam a abrir seus próprios negócios, no mercado imobiliário, bares, restaurantes, padarias, entre outros.

EUA

Desde a década de 1920, quando a Colômbia do presidente Marco Fidel Suárez adotou a política *Respice Polum* ("olhar para o Norte"), o país, num misto de pragmatismo e admiração pelo poderio norte-americano, optou por uma relação estreita com os EUA. Os colombianos ainda estavam traumatizados com a perda do Panamá, mas Suárez, seguindo a linha "se não pode vencer seu inimigo, una-se a ele", buscou construir o que chamava de "relação especial" com os EUA. Como todo esse amor jamais foi correspondido na mesma medida, o que prevaleceu foi uma subordinação consentida de Bogotá a Washington.

O *Respice Polum* tem suas origens logo após a separação do Panamá, quando o presidente Rafael Reyes enviou um representante para falar com os EUA a respeito do assunto em termos amigáveis. Tal gesto surpreendeu os norte-americanos que não podiam deixar de aproveitar a oportunidade de restabelecer boas relações com o país mais afetado pela independência panamenha, o que daria maior legitimidade ao projeto de construção do canal perante a comunidade internacional. Assim, os EUA aceitaram "pedir desculpas" por seu papel ativo no separatismo panamenho e ainda pagou à Colômbia uma indenização de 25 milhões de dólares (318 milhões em valores atuais) em troca do reconhecimento definitivo da independência do Panamá. Desde então, nenhum país sul-americano tem adotado uma política de tamanho alinhamento com os EUA como a Colômbia. Em 1950, a Colômbia foi o único país latino-americano a enviar tropas para a Guerra da Coreia. Na década seguinte, foi um dos articuladores da expulsão de Cuba da OEA, enquanto, por exemplo, Brasil, Argentina e México se abstiveram. Por fim, nos anos 2000, a Colômbia permitiu a criação de sete bases militares norte-americanas em seu território e foi o único país da América Latina a apoiar George W. Bush em sua "Guerra ao Terror", que, aliás, foi utilizada como referência por Uribe, que criou o termo "*narcoterrorismo*" para caracterizar a guerrilha das Farc como um grupo terrorista e assim atrair a simpatia de Bush para o seu governo.

A relação entre EUA e Colômbia, porém, vai muito além da diplomacia e da atração de investimentos estrangeiros (ver capítulo "Economia"). Os EUA, ao lado da Espanha, são o principal destino da imigração colombiana. A onda imigratória para os Estados Unidos passa a adotar contornos significativos a partir da década de 1940. Os primeiros imigrantes eram oriundos da classe média alta que era formada por estudantes, artistas, intelectuais e profissionais liberais. No entanto, devido a uma reforma na lei norte-americana de imigração no ano de 1965, que eliminou as preferências a europeus, estabelecendo uma cota anual de 25 mil vistos para cada país do mundo, e que aprovou a imigração para reunião familiar (pessoas que imigravam para se juntar aos parentes já lá estabelecidos), o número de pedido de vistos por parte de colombianos explodiu. Outro fator decisivo no aumento do número de imigrantes colombianos nos EUA foi o contexto interno. A guerra civil, denominada "*La Violencia*" (ver capítulo "História"), levou muitos colombianos a sair do seu país em busca do "sonho americano".

Já a partir da década de 1970 e principalmente de 1980, o perfil do colombiano nos EUA vai se tornando cada vez mais um retrato da Colômbia, ou seja, marcado pela diversidade e pela mão de obra pouco qualificada, mas disposta a executar qualquer tipo de trabalho. Isso ocorre porque, à medida que as primeiras ondas se estabeleciam e conseguiam ser razoavelmente bem-sucedidas, a presença colombiana nos EUA atraía parentes, amigos e vizinhos que também queriam tentar a sorte por lá. Por outro lado, a ascensão dos cartéis criminosos (ver capítulo "Narcotráfico") levou muitos funcionários desses grupos, que trabalhavam na logística da distribuição da droga, a se estabelecerem em terras norte-americanas quase sempre como ilegais. Evidentemente, essa "narcoimigração" reforçou o estereótipo negativo do colombiano. Essa estigmatização fez com que a numerosa comunidade colombiana em Nova York que fez parte da primeira onda, e se instalou em especial no distrito do Queens, mais especificamente no bairro de Jackson Heights, passasse a evitar contato com os colombianos recém-chegados. Essa comunidade da primeira leva de imigrantes se dispersou pelo país, procurando se misturar mais com os locais, muitas vezes até negando sua origem para não sofrer preconceito.

Assim como outras colônias "latinas" nos EUA, os colombianos buscam abrir restaurantes de comida típica de seu país, assinam a TV colombiana e, na medida do possível, fazem de seus lares um simulacro da vida na Colômbia. Apesar de muitas vezes a colônia colombiana nos EUA reproduzir no exterior os preconceitos internos, não significa que tenha perdido seus laços com o país. Os colombianos que moram nos EUA enviam para seus parentes na Colômbia dinheiro e presentes, investem em pequenos negócios locais, telefonam cotidianamente e, com frequência, manifestam o desejo de um dia regressar em caráter definitivo. Segundo dados de 2012, vivem nos EUA 3,2 milhões colombianos e descendentes. Quase um quarto deles vive em Nova York, seguida de Miami, Los Angeles e Houston.

Entre 1999 e 2015, os EUA investiram nada mais nada menos que US$ 7,5 bilhões na Colômbia. No entanto, como mais de 80% desses recursos foram direcionados a fortalecer o Exército colombiano, muitos colombianos reclamam da demora na "colombianização" do plano, ou seja, que esses recursos sejam usados também em ajuda humanitária, reparação de violações de direitos humanos, combate ao tráfico interno de drogas, e não somente a droga exportada para os EUA.

Entretanto, apesar das críticas da opinião pública à ingerência norte-americana (consentida pelo Estado, é sempre bom lembrar) na Colômbia, é curioso observar como os colombianos se sentem "especiais" nas relações com a grande potência do Norte. Pouco após a eleição de Donald Trump, era impressionante constatar, tanto na mídia quanto nas ruas, que a ideia da construção do muro na fronteira com o México, proposta por Trump para evitar os imigrantes, não parecia afetar em nada os colombianos. Naqueles dias, era comum escutar na Colômbia até piadas sobre mexicanos, deixando claro que os colombianos achavam que, por sua relação especial com os EUA, não seriam tratados como os demais "latinos". Apenas após as primeiras notícias de colombianos ilegais sendo deportados, essa confiança nas "relações especiais" foi se transformando em apreensão.

VIDA URBANA

A Colômbia é o segundo país com a maior biodiversidade do mundo, ficando atrás apenas do Brasil. Dez por cento de toda a flora e fauna existentes no globo podem ser encontradas na Colômbia. O país concentra mais espécies de pássaros do que toda a América do Norte e Europa somados, o que faz dele o principal destino dos observadores de aves. Aliás, é facílimo encontrar em qualquer livraria do país obras, luxuosamente produzidas, com fotografias de aves e indicações dos melhores locais para observação de pássaros.

Contudo, o meio ambiente da Colômbia é seriamente ameaçado por duas grandes atividades econômicas ilegais: a exploração de esmeraldas feita com o emprego de dinamite e mercúrio e a extração criminosa da madeira. De fato, uma grande riqueza colombiana são as esmeraldas: o país é responsável por nada menos que 50% da produção mundial. A extração ilegal de pedras preciosas é tão deletéria quanto o desmatamento indiscriminado conduzido por narcotraficantes, latifundiários e madeireiros foras da lei.

A natureza é exuberante, mas a concentração populacional é nas cidades. Segundo o censo de 2006, 74% dos colombianos vivem nelas e esse número só tende a crescer. Com exceção do Brasil, nenhum outro país da América do Sul possui tantas cidades com mais de um milhão de habitantes. Na Colômbia, elas são cinco: Bogotá, Medellín, Cali, Barranquilla e Cartagena. Por sua importância política e histórica, falaremos um pouco sobre três dessas cidades tão representativas da diversidade populacional colombiana.

BOGOTÁ

Minhas primeiras impressões de Bogotá foram de uma cidade com um trânsito absolutamente caótico e um clima familiar. Tendo vivido por anos em Curitiba, o clima frio e chuvoso fez com que eu me sentisse em casa. Os contrastes sociais (favelas próximas a lojas de grife e de bons condomínios fechados) também não chocam um brasileiro.

Bogotá tem ainda um pouco de São Paulo. É o centro financeiro do país, uma cidade que recebe predominantemente o chamado "turismo de negócios" e que tem como atrações culturais principais 57 museus, 62 galerias de arte e 40 salas de teatro, além de ótimos restaurantes e uma animada vida noturna.

O Museo del Oro, por exemplo, abriga uma coleção fascinante de mais de 55 mil peças em ouro originárias das mais importantes civilizações pré-colombianas. Para quem quer conhecer locais onde ocorreram fatos marcantes, há o observatório astronômico (onde se reuniam os conspiradores da independência colombiana), a Quinta de Bolívar (onde *El Libertador*, o herói nacional, tinha uma residência) e o local onde foi morto o importantíssimo líder político do século XX, Jorge Eliécer Gaitán.

Bogotá, cidade cujo lema é "A 2.600 metros mais perto do céu", tem no morro de Monserrate uma de suas principais atrações, pois propicia uma vista deslumbrante de todo o centro urbano, com direito a uma simpática igreja e a barraquinhas de lanche onde se pode provar o típico chá de coca (cujo efeito não é mais forte do que o de uma xícara de café).

Nos últimos anos, Bogotá tem se tornado uma cidade amigável para pedestres e principalmente para ciclistas. Possui uma ampla malha cicloviária, com cerca de 300 quilômetros de extensão. Domingo é "dia de *bike*" em Bogotá: as dez ruas mais movimentadas são deixadas livres para ciclistas, pedestres e corredores, a circulação de táxis e ônibus no centro da cidade é drasticamente reduzida. Em pontos estratégicos da ciclovia, há estandes de mecânicos de bicicleta, barraquinhas de comida e postos de atendimento médico. Todo esse investimento do poder público surgiu após a divulgação de um estudo da Organização Mundial da Saúde que afirmava que a cada dólar investido em ciclovias, três seriam economizados em saúde pública, devido à redução no número de acidentes automobilísticos e de doenças causadas pelo sedentarismo. Algum tempo depois, as principais cidades do país replicaram a experiência e, se muitas ainda não possuem ciclovias, ao menos instituíram o seu próprio "dia sem carro".

O centro de Bogotá é, como ocorre com muitas metrópoles, decadente. Apesar do esforço de preservação dos monumentos históricos e da política de Estado preocupada em proteger ostensivamente o visitante para atrair o turismo e mudar a imagem internacional da Colômbia, há problemas relativos à pequena criminalidade que espantam muitos visitantes da região central. Fora das zonas turísticas

Vida urbana | 37

Plaza Bolívar (no centro de Bogotá) e Monserrate, na foto inferior, de onde sai o bondinho para o ponto mais alto da cidade.

Aos domingos, as principais vias de Bogotá são bloqueadas para uso exclusivo de ciclistas e pedestres. O incentivo à prática do ciclismo (um dos esportes nacionais) é uma questão de saúde pública para o governo colombiano.

mais policiadas, faz-se necessário seguir à risca o lema "*no dé papaya*", que poderia ser traduzido como "não dê mole" ou "tome cuidado com seus pertences", nada muito diferente das grandes cidades brasileiras. Uma curiosidade do centro de Bogotá são os vendedores de livros piratas. Sim, assim como estamos acostumados a ver camelôs vendendo DVDS piratas nas calçadas brasileiras, em Bogotá o mesmo se faz com livros, vendidos por até um quarto do preço de capa original.

Outro aspecto marcante da cidade, compartilhado com todo o país, é a onipresença de seguranças privados. Lojas de rua e shoppings, empresas e redes de supermercado sempre contratam esses profissionais, que não hesitam em pedir-lhe que abra sua sacola na saída para uma breve conferida no intuito de evitar roubos. O visitante pode estranhar a princípio e até se sentir ofendido, mas, na medida em que conhecer o país, vai perceber que é um procedimento padrão e visto como normal pelos cidadãos locais.

MEDELLÍN

Medellín é uma cidade que faz parte do imaginário de quem, como eu, cresceu nos anos 1980 e 90. Lembro-me muito bem da morte de Pablo Escobar, das notícias sobre os ataques constantes com carros-bomba e dos tempos em que Colômbia era sinônimo de cocaína. Assim, quando fui para aquela cidade pela primeira vez, em 2010, uma mistura de sentimentos tomou conta de mim. Como eu conhecia bastante a história do Cartel de Medellín (o grupo de traficantes mais famoso da América do Sul), imaginava uma cidade sem lei, aonde um estrangeiro sensato não deveria ir. No entanto, essa Medellín da minha cabeça e retratada em séries como *El patrón del mal* e *Narcos* já havia mudado muito.

O Metrocable (abaixo), símbolo do renascimento de Medellín pós-Escobar, e a Biblioteca España (ao lado), uma das maiores do país, desenhada pelo arquiteto colombiano Giancarlo Mazzanti, são marcas da maior integração entre o centro e as *comunas*.

A Medellín de hoje, décadas após o fim do cartel com o mesmo nome, é outra: uma cidade vibrante, alegre, renascida das cinzas e que em 2013 foi eleita pelo *Wall Street Journal* como "a cidade mais inovadora do planeta". Os critérios para a eleição foram o compromisso com a redução de gás carbônico, a construção de espaços culturais e a gestão eficiente dos serviços públicos. O Metrocable (teleférico) que liga as *comunas* (bairros da periferia) ao centro da cidade, cujo modelo passou a ser imitado em várias cidades do mundo, favoreceu a percepção de que a cidade pertence a todos os seus moradores. Assim, "a classe média sobe o morro", onde há praças com *wi-fi*, mirantes e a gigantesca Biblioteca España, enquanto a periferia tem acesso facilitado aos serviços oferecidos no centro. A palavra-chave é inclusão.

A história de superação da cidade evidentemente tem a ver com políticas públicas, mas também com duas características culturais: o senso de comunidade e o espírito empreendedor.

O senso de comunidade nasceu entre pessoas que já passaram por várias situações terríveis juntas, criando uma empatia que a fez chorar mortos que não eram seus, como no caso da tragédia da Chapecoense. Em novembro de 2016, um avião de uma companhia boliviana chamada Lamia caiu a poucos quilômetros do aeroporto de Medellín, vitimando quase toda a delegação da equipe brasileira de futebol Chapecoense, tripulantes e jornalistas. O time viajava para a Colômbia para disputar a final da Copa Sul-Americana contra o clube Atlético Nacional. O Brasil todo se comoveu quando os colombianos lotaram o estádio onde ocorreria a partida e fizeram uma belíssima homenagem a um clube pouco conhecido até mesmo no próprio país de origem. Também foi tocante a atenção que todos os sobreviventes receberam nos hospitais colombianos e a atitude da diretoria do Atlético Nacional em pedir à Confederação Sul-Americana de Futebol que declarasse a Chapecoense campeã do torneio e entregasse o prêmio de 3 milhões de dólares ao clube brasileiro.

Com relação ao espírito empreendedor, que parece estar no DNA do *paisa*, como é chamado o colombiano nascido no departamento de Antioquia, vem do fato de que, devido ao café, a economia da região sempre foi relativamente autônoma. Com isso, o rico departamento sempre fez questão de reforçar sua independência política e econômica, além de sua cultura própria e da "rivalidade" com o Bogotá (mais ou menos como a que existe entre o Rio de Janeiro e São Paulo). Medellín se sente o polo produtor e trabalhador do país (uma autoimagem semelhante à cultivada por muitos paulistanos).

Fundada por judeus espanhóis em 1616, Medellín nasceu sob o signo da autossuficiência. Ao invés das grandes plantações e propriedades, as terras do seu entorno foram divididas em pequenos lotes e administradas pelos próprios lavra-

Vida urbana | 41

Os *silleteros* são camponeses de Santa Elena, um vilarejo rural dentro do município de Medellín. Sua arte, passada de pai para filho há séculos, consiste em fazer mosaicos com mais de 80 variedades de flores, e é exibida na Feira das Flores, que se tornou o grande evento anual de Medellín atraindo milhares de turistas.

dores ou no máximo por cooperativas locais, uma característica da economia do *Eje Cafetero*, e da Antioquia como um todo, que sempre busca depender o menos possível da capital Bogotá.

As produções de café e de flores da região, além da indústria têxtil (que é urbana), favorecem a economia da cidade de Medellín. O cultivo das flores é um dos grandes responsáveis pelo emprego de mulheres. Ele é tão importante para a cidade que anualmente, em agosto, ocorre a Feira das Flores, uma das festas mais tradicionais do país, que celebra a cultura *paisa* e reforça a "marca" de Medellín como a "cidade da eterna primavera". A primeira Feira das Flores ocorreu em 1957 e evidentemente foi muito mais modesta do que as festas atuais, embora já tivesse o objetivo de fomentar o turismo na cidade. Uma marca da Feira é o belíssimo desfile dos *silleteros*. Os *silleteros* são, digamos assim, artistas das flores. Montam mosaicos com flores dos mais diversos tipos, cores e tamanhos, escrevem mensagens religiosas ou regionalistas em arranjos, num fantástico trabalho artesanal. O nome tem origem na época em que os camponeses e indígenas do distrito de Santa Elena carregavam seus filhos ou esposas nas costas sobre cadeiras (*sillas*, em espanhol); esse costume se perdeu com a chegada dos burros, mas a tradição foi resgatada para o desfile. Geralmente, ser *silletero* é seguir uma tradição familiar, que passa de pai para filho e da qual os herdeiros muito se orgulham, sendo tratados com deferência por serem guardiões de um costume tipicamente antioquenho.

Nos finais de semana, Medellín tem uma vida noturna agitadíssima. Além disso, possui dois times de futebol com torcedores apaixonados, o Deportivo Independiente Medellín e o Atlético Nacional. É a segunda maior cidade do país e mistura ao mesmo tempo um arraigado regionalismo com um ousado ar cosmopolita que busca no exterior inspiração para seus projetos mais recentes de obras públicas.

CARTAGENA DAS ÍNDIAS

A região caribenha da Colômbia, cujas principais cidades são Cartagena e Barranquilla, é quase um mundo à parte de tão diferente que é das outras regiões colombianas. A pouco mais de uma hora de voo da fria Bogotá, revela-se uma Colômbia completamente diversa, mais semelhante a um país caribenho (como República Dominicana ou Barbados): quente, tropical, colorida, animada principalmente pelo ritmo contagiante da salsa e com muito espaço para as manifestações da cultura afro. O espanhol falado na região caribenha não tem a malemolência, a melodia, de Medellín ou Cali, sendo mais semelhante ao espanhol cubano. A arquitetura predominante é colonial e a comida é mais temperada do que no restante do país.

Os colombianos da região caribenha não levam muito a sério as leis de trânsito. Como estão excessivamente acostumados a receber estrangeiros, tratam-nos com um ar quase *blasé* e uma cortesia "profissional", diferentemente dos de outras regiões, que são mais calorosos.

Vida urbana | 43

Podemos dizer que a cidade de Cartagena são duas: a área que fica dentro da chamada Cidade Amuralhada (cerca de 50 quarteirões contendo construções dos séculos XVI e XVII cercadas por 11 quilômetros de muralhas) e a que tem como destaque o bairro de Bocagrande. A Cidade Amuralhada é considerada Patrimônio Histórico e Cultural da Humanidade pela Unesco e é de fato magnífica. Seus museus, suas casas coloridas, seus restaurantes típicos: tudo é fascinante. Só a monumental fortaleza de San Felipe de Barajas e sua belíssima história de resistência aos invasores já valem a visita. No entanto, uma coisa me chamou a atenção desde a primeira vez em que lá estive: a Cidade Amuralhada é um museu a céu aberto, não parece uma cidade real. Ao se caminhar por suas ruas não se veem moradores, mas trabalhadores da indústria do turismo (vendedores, garçons, taxistas, guias), ou seja, a Cidade Amuralhada é uma Disneylândia colonial habitada apenas por turistas que se hospedam em seus hotéis e por locais que ganham o seu sustento do turismo. O governo colombiano reforça o policiamento nessa ampla zona turística e muitos visitantes sequer saem da área para conhecer a outra, mais nova.

Baía de Cartagena, a caminho da ilha de Tierra Bomba. É possível ver o contraste entre a Cidade Amuralhada (à esquerda da foto) e a parte não histórica (à direita). Centenas de turistas saem desse porto todos os dias para desfrutar das belezas caribenhas colombianas.

Ana Caroline Moreno

Exemplos da típica arquitetura colonial dentro da Cidade Amuralhada. À direita, o Teatro Heredia, nomeado em homenagem ao fundador de Cartagena.

O bairro de Bocagrande é também chamado de a "Miami Beach colombiana", por comportar arranha-céus, hotéis de rede e lanchonetes *fast-food*. A praia não é muito atraente para os brasileiros, mas pelo menos nessa área é possível ver gente comum indo ao trabalho, à escola, à academia de ginástica, enfim, autênticos moradores de Cartagena.

O inesquecível pôr do sol do Café del Mar, um dos pontos mais famosos de Cartagena, com vista para Bocagrande – unindo o histórico ao moderno.

Ainda mais bonitas do que Cartagena são as ilhas que ficam a cerca de 40 minutos de barco da cidade, com praias de areias brancas e águas azul turquesa – enfim, todo o estereótipo do paraíso tropical.

Fundada em 1533 por Pedro de Herédia, Cartagena tornou-se rapidamente um dos principais entrepostos comerciais do continente americano. O nome já havia sido dado antes por Rodrigo de Bastidas, por considerar aquela baía semelhante à de Cartagena del Levante, na Espanha (nada a ver com a lendária cidade de Cartago, como muitos imaginam, portanto). Um incêndio em 1552 levou à

Vista interna e externa do castelo de San Felipe de Barajas, uma das principais fortalezas do continente americano, cuja construção teve início em 1536.

proibição de construções em madeira e que vem sendo mantida até os dias de hoje. Historicamente, Cartagena foi o principal porto espanhol no Caribe, ponto de entrada de escravos e saída de riquezas, o que fez dela alvo fácil de piratas, entre eles o famoso Francis Drake que, em 1586, aceitou um pagamento de dez milhões de pesos para não saquear a cidade. A partir desse humilhante episódio, foram construídas as famosas fortificações de Cartagena, como a já citada fortaleza de San Felipe de Barajas.

Na história do país, Cartagena também é importante por ter sido o berço do movimento de independência (ainda antes de Bogotá) e, devido à sua importância estratégica, foi a primeira cidade atacada pelas forças espanholas com o objetivo de fazer da Colômbia novamente uma colônia. Cartagena ganhou, em 1815, o apelido de *La Heroica,* do qual tanto se orgulha, quando o capitão espanhol Pablo Morillo, a mando do rei Fernando VII, comandou um cerco de 105 dias que privou os habitantes da cidade de água e comida. Cerca de 4 mil pessoas, quase a totalidade da população da cidade na época, preferiram a morte a entregar o país novamente ao jugo espanhol. Ali sucumbiu a Primeira República colombiana. Conquistada Cartagena, Morillo marchou até Bogotá quase sem encontrar resistência e foi recebido com festa pelos realistas da capital. O esforço da cidade só foi reconhecido em 1821, quando Simón Bolívar eternizou o apelido de *La Heroica.* Cartagena ficou ausente do jogo político hegemônico do país até o final do século XIX, quando então conseguiu se recuperar demográfica e economicamente do massacre espanhol.

O ESPANHOL DOS COLOMBIANOS

O espanhol é a língua oficial do país, falado por 99,2% de seus habitantes. A Constituição de 1991, no entanto, reconhece como cooficiais os mais de sessenta dialetos indígenas e, nas regiões onde esses povos vivem, a educação das crianças é bilíngue. Também são reconhecidos como oficiais o *criollo palenquero* (com influências do português e do quimbundu, falado por escravos que fugiram de seus senhores e se isolaram na ilha de San Basilio, no departamento de Bolívar) e o *criollo sanandresano* (com grande influência do inglês e falado no arquipélago de San Andrés e Providencia).

O MAIS BEM FALADO DO MUNDO?

O que dizer do espanhol dos colombianos? Expressivo, lento, diversificado, mutável. Muito apegado às formas convencionais e até a alguns arcaísmos da língua espanhola. Por outro lado, repleto de expressões próprias, gírias e regionalismos indecifráveis para não iniciados. Há uma ideia comumente repetida na Colômbia de que o espanhol colombiano seria o mais bem falado do mundo justamente por apresentar uma harmonia na busca por utilizar a gramática correta e ao mesmo tempo se reinventar o tempo todo. Como qualquer generalização, essa tem muito de mito, mas também um pouco de verdade. O mito surge quando, em meados do século XIX, um grupo de filólogos colombianos, assim como a classe política da capital, esforçou-se em difundir nas escolas o que consideravam um espanhol "mais puro" do que aquele falado na Espanha. Esse grupo, obviamente, acabou desconsiderando que o espanhol, como qualquer outro idioma, pode ser enriquecido (e não "contaminado", como diziam) por palavras de origem indígena e africana e que buscar a "pureza" numa língua significa decretar sua morte, pois os idiomas vivos sempre estão em constante transformação. No entanto, há sim um fundo de verdade nessa afirmação quando observamos que, graças aos esforços da geração de filólogos lideradas por Rufino José Cuervo, o espanhol colombiano é muito claro. A pronúncia completa de fonemas e letras e as construções sintáticas e gramaticais corretas facilitam e muito a compreensão, dando pouca margem a equívocos.

Outro ponto interessante do espanhol colombiano é a quase ausência do "*tuteo*", expressão espanhola que significa chamar a pessoa por *tu*, que em quase todos os países de língua espanhola demonstra muito mais proximidade do que o *usted*, que é quase equivalente ao nosso *você*, mas considerado excessivamente formal. Menos na Colômbia, onde o *usted* é utilizado entre casais, melhores amigos etc. Usar o *tu* na Colômbia pode até causar brigas conjugais, como certa vez presenciei num restaurante em Bogotá, no qual o casal sentado na mesa ao lado discutia porque a mulher acusava o marido de estar *tuteando* a secretária...

DITOS POPULARES

A seguir, uma pequena lista de ditos populares e palavras bem colombianas bastante utilizadas no cotidiano, que ajuda a entender a linguagem local e diz muito sobre a mentalidade do povo.

¡Sóbese que no hay pomada! ("levante, que não tem pomada!"). Esse dito lembra as famosas peladas de bairro, na infância, onde caímos e nos machucamos no cimento da quadra e ouvimos de nossos amigos que precisamos nos levantar logo mesmo que a dor ainda não tenha passado. A frase, muito usada pelos colombianos, significa que é preciso ser forte e continuar, pois não vai haver consolo no momento.

Más sabe el diablo por viejo que por diablo ("mais sabe o diabo por ser velho do que por ser diabo"). Ditado popular tradicionalíssimo, também encontrado em outros países latino-americanos, é um conselho para que se escute o que dizem os mais velhos, que sabem muita coisa por terem bastante experiência de vida.

De las aguas mansas líbrame Señor ("Senhor, livrai-me das águas mansas"). O latino em geral tem um jeito extrovertido e vê com suspeição aquele que fala pouco e não opina sobre nada. Os colombianos não fogem a essa regra, suspeitam que as pessoas excessivamente calmas e caladas podem estar em um determinado círculo apenas para causar discórdia entre os demais.

Las cuentas claras y el chocolate espeso ("as contas claras e o chocolate encorpado"). Diz-se antes de fazer um negócio e/ou assinar um contrato, sublinhando a necessidade de se esclarecer todos os pontos desde o princípio para que haja confiança entre as partes envolvidas.

EXPRESSÕES COTIDIANAS

Não basta conhecer bem o espanhol para se comunicar bem na Colômbia ou entender o que dizem os colombianos. Conhecer as expressões a seguir pode ser muito útil em uma conversa informal.

¿Me regala? É uma das expressões mais conhecidas da Colômbia e sempre causa mal-entendidos com estrangeiros ou em outros países de língua espanhola que levam a expressão ao pé da letra. *Regalar* significa literalmente "presentear", mas, em *"¿Me regala?"* – dita por um colombiano –, o sentido é outro. Não significa pedir um presente ou dizer que se quer algo pelo qual não vai pagar. A expressão é muito usada em qualquer compra; quando o colombiano diz: *"¿Me regala un café/un jugo/una empanada?"* está simplesmente fazendo um pedido, não está dizendo que não vai pagar por ele (é como as nossas: "Me dá um cafezinho?" ou "Me vê, aí, um suco?", ou "Me traz uma empanada?"). A expressão também é usada para perguntar as horas ou para pedir algo da mesa que está fora do alcance (como a nossa: "Me passa o sal?").

Sacar la piedra. É o mesmo que irritar, tirar a pessoa do sério.

Meter la pata. Brigar, discutir.

¿Quien pidió pollo? (literalmente, "Quem pediu frango?"). Os colombianos têm certa obsessão com a comida e várias expressões têm origem culinária. *"¿Quien pidió pollo?"* é um comentário (não muito elegante) proferido quando alguém atraente (mulher ou homem) é avistado, seja na rua, numa festa, no corredor da faculdade etc.

Dar papaya. "*No dé papaya*" é uma das mais ouvidas por estrangeiros. Significa entre outras coisas "não se coloque em situação de risco, não seja imprudente ou ingênuo". Traduzindo para uma gíria brasileira, seria algo como "não dê mole", por exemplo, "não saia com a carteira à mostra", "não se descuide da bolsa", facilitando assim um furto ou assalto.

Que pena con usted. Se um colombiano lhe diz isso, não significa que ele está com pena de você. Na verdade, é apenas uma forma muito amável de dizer "desculpe-me" ou "sinto muito".

Con mucho gusto (literalmente "com muito prazer"). É uma forma extremamente educada de responder a um simples "obrigado" (*"gracias"*). É usado em todo o país, embora no litoral muitos prefiram *"a la orden"* ("às ordens"), que tem o mesmo sentido.

PARA FALAR COMO UM COLOMBIANO

Agora, algumas gírias que ajudam a falar como um colombiano.

Arruncharse. Usada para referir-se à posição em que o casal dorme abraçado, sendo que as duas pessoas ficam viradas para o mesmo lado (o popular "dormir de conchinha").

Chévere. O equivalente ao nosso "legal" ("em ordem", "sem problemas"; "bem", "certo"; "divertido", "interessante") ou o "*cool*" norte-americano.

Embarrar. Estragar um plano ou projeto que vinha dando certo ao proferir uma palavra inadequada. Dar uma "bola fora".

Guayabo. Mal-estar causado pela ingestão de bebidas alcoólicas. "Ressaca".

Man (anglicismo). Usado para referir-se a um homem, mas especificamente alguém que não se conhece direito, alguém com quem não se tem intimidade. *Vieja* é a versão feminina do *man* (diz-se de mulher de quem não se sabe o nome ou não se tem intimidade e nada tem a ver com a idade).

Parche. Encontro ou reunião entre amigos. Estar *desparchado*, por sua vez, é estar sem programa para o final de semana.

Parce/socio. Amigo, camarada, alguém com quem se tem uma relação de amizade e confiança.

Pilas. Pessoa inteligente, dedicada.

Pola. Cerveja.

Tenaz. Situação complicada, difícil.

Tragado(a). Apaixonado(a).

Tinto. Nada a ver com vinho. É simplesmente um "café preto".

Trancón. Engarrafamento.

Vaina. "Coisa", qualquer objeto indefinido o qual não se sabe o que é ou se tem preguiça de nominar naquele momento.

Vecino (literalmente, "vizinho"). Na Colômbia, todos se tratam como "vizinhos", mesmo que não morem perto. Chamar alguém de *vecino* é uma forma amistosa de interagir com um desconhecido para perguntar o preço de um produto ou pedir uma informação. É mais ou menos como fazemos no Brasil ao pedir uma informação, começamos a frase com "amigo", mesmo não conhecendo a pessoa.

Verraco. Expressão típica da Antioquia. Diz-se de alguém bravo, corajoso, determinado, valente.

# DO QUE GOSTAM E COMO SE DIVERTEM

O colombiano tem a justa fama de ser um povo festeiro, que não precisa de muitos motivos para "armar uma bela *rumba*" (*rumba* é o mesmo que "festa").

Segundo o intelectual mexicano Octavio Paz, a festa é o advento do insólito, regida por regras específicas que a faz ser um dia de exceção e, nesse dia, se introduz uma lógica, uma moral e até uma economia que contradiz a do cotidiano. A ruptura representada pela festa não elimina a hierarquia social, mas, por um breve momento, a subverte com irreverência e um sentido de liberdade. No caso das festas colombianas, ocorre tanto a sublimação de conflitos raciais (como no *Carnaval de Negros y Blancos*, "Carnaval de Negros e Brancos" – confira na próxima seção), como a da guerra propriamente dita (como na *Batalla de Flores*, "Batalha de Flores" – confira na próxima seção). São grandes válvulas de escape da realidade. Num país com um histórico de violência tão forte, a festa não deixa de representar um cenário utópico, onde se revelam os desejos e as esperanças de uma sociedade. No caso colombiano, o triunfo da paz.

FESTAS

Os colombianos adoram festejar. Além das festas informais, que ocorrem nas residências e nas baladas colombianas cotidianamente, há eventos festivos inseridos no calendário colombiano que são muito importantes por seu significado familiar ou cultural. Comecemos por este último.

Carnaval de Barranquilla

O Carnaval na Colômbia não é uma festa nacional, sendo feriado apenas no departamento do Atlântico onde ficam as cidades de Cartagena, Barranquilla e Santa Marta. Em Barranquilla, o Carnaval é tão valorizado pelo *barranquillero* que

O Marimonda é o símbolo de Barranquilla e o seu carnaval. Representa justamente o espírito da irreverência típico dessa época do ano. Essa fantasia define o carnavalesco sem muitos recursos que aproveita a mudança de papéis típica do carnaval para zombar da classe dirigente. Sua gravata simboliza a crítica a funcionários públicos que se vestem bem, mas trabalham pouco.

é quase uma religião. Seu espírito guarda muito da tradição do Carnaval veneziano no que tange ao uso disseminado de fantasias e maquiagem e se diferencia do brasileiro por não ser tão associado à nudez e ao sexo como aqui. Não que os foliões sejam santos, porém o Carnaval *barranquillero* é uma festa em que o componente erótico é menos evidente. Todas as fantasias possuem uma simbologia, e a cidade dispõe até de um museu que preserva minuciosamente todas as tradições da festa. Entre os principais personagens do Carnaval da cidade está o Marimonda, um ser de nariz e orelhas gigantescos que, vestindo camisa, colete e uma calça do avesso, anima (ou irrita, dependendo do ponto de vista) com um apito os foliões a sua volta. O Marimonda personifica o espírito irreverente e jocoso do Carnaval de Barranquilla. Outras fantasias tradicionais são a do lendário humorista Cantinflas e da conterrânea Shakira, além dos *cabezones*, fantasias que consistem em cabeças desproporcionalmente grandes.

Assim como no Rio e São Paulo há os sambódromos, locais especialmente construídos para os desfiles. Em Barranquilla há o *cumbiodromo*, espaço onde ocorre o desfile de carros alegóricos liderado pelo carro da Rainha do Carnaval, que dança e atira flores ao público enquanto os foliões a seguem no asfalto com muita animação. O brasileiro acostumado com os desfiles das grandes escolas, no entanto, notará que é um evento bem menos profissional, afinal não se trata de uma competição entre agremiações, o que torna os desfiles colombianos bem mais relaxados e espontâneos.

No sábado de Carnaval, ocorre a Batalha das Flores. Como tudo nessa festa, a batalha em si tem um significado que vai além da estética. Ela tem origem na Guerra dos Mil Dias (1899-1902), quando, como ato de respeito a todos que perderam seus entes queridos no conflito, o prefeito da cidade decretou o cancelamento do Carnaval. Uma vez assinada a paz, os festejos retornaram e o general Herberto Bengoechea declarou: "Vamos fazer uma homenagem à paz. Ao invés de uma batalha de chumbo, faremos uma batalha de flores." Ok, essa frase soa um pouco estranha na boca de um general, mas, enfim, é o que diz a tradição. Assim, desde 2 de março de 1903, ficou instituída a Batalha das Flores, o evento mais importante do Carnaval *barranquillero*, que consiste num desfile de carros alegóricos em que dois grupos, um de frente para o outro, encenam uma batalha na qual as "armas" são confetes, serpentina, flores e perfume.

Manifestações folclóricas no Carnaval: O *Congo Grande*, à direita, é uma dança de rua que recria as tribos em guerra daquele país e remonta à era colonial com a chegada dos primeiros negros africanos no Caribe colombiano. *La Danza de los Diablos* (à esquerda) é um grupo que tem origem nas festas religiosas e populares das cidades de Bolívar, Magdalena e Cesar, em que os "diabos" dançavam em procissões fora do templo com esporas e chocalhos.

No domingo, o evento mais importante é a Grande Parada de Tradições e Folclore, em que, por cerca de seis horas, desfilam os mais diferentes blocos que representam as influências africana, indígena e europeia. Nesse desfile, a Rainha do Carnaval e o Rei Momo, eleitos por um corpo de jurados, são ovacionados, assim como a Rainha eleita pelo voto popular e sua vice.

Na segunda-feira, ocorre uma versão mais estilizada do desfile folclórico anterior, que é a Parada de Comparsas. Isso é o mais próximo que se chega do Carnaval organizado brasileiro por haver competição entre os blocos. Porém, as semelhanças param por aí, já que a variedade musical é marca registrada. Ao contrário do Rio de Janeiro, onde evidentemente o ritmo apresentado por todas as escolas é o samba, em Barranquilla desfilam grupos concorrendo em diferentes gêneros musicais como a salsa, o *vallenato*, a música urbana (*reggaeton* e *champeta*), o merengue e o tropical/tradicional. O vencedor de cada estilo ganha o Congo de Ouro.

Na terça-feira (sem direito à "prorrogação", como costuma acontecer em algumas cidades brasileiras), se encerram as festividades, já que a maioria dos colombianos leva a Quaresma extremamente a sério. Nesse dia, ocorre a morte de outro personagem típico, Joselito Carnaval. Em seu "velório", a Rainha chora sua morte e se despede dele num evento chamado "Joselito se vai com as Cinzas". Claro que a cerimônia de velório e enterro de Joselito nada tem de triste e se caracteriza pela irreverência, em que simbolicamente são enterradas as ressacas, os desencontros amorosos e os excessos que possam ter sido cometidos nos quatro dias de folia.

Durante toda a sua história, a festa foi financiada em parcerias público-privadas. Movimenta milhões de dólares, tanto na venda de adereços e fantasias, como principalmente na ocupação de hotéis, bares e restaurantes. A partir de 1991, a festa ganhou em profissionalismo quando foi criada a Fundação Carnaval de Barranquilla. Essa instituição, em parceria com a prefeitura, grupos folclóricos e patrocinadores, trabalha o ano todo no planejamento da festa, na captação de recursos e na gestão organizacional. A maior profissionalização da festa e o incremento do turismo levaram o Carnaval de Barranquilla a ganhar cada vez mais visibilidade nacional e internacional sendo reconhecido como Patrimônio Oral e Imaterial da Humanidade pela Unesco em 2003.

Carnaval de Negros y Blancos

Festa mais importante do sul do país, o *Carnaval de Negros y Blancos* ("Carnaval de Negros e Brancos") é celebrado anualmente na cidade de San Juan de Pasto. No entanto, esse "Carnaval" não ocorre realmente no período carnavalesco, mas sim

Do que gostam e como se divertem | 55

Ao contrário do dia anterior (05/01), quando todos se pintam de negro, no Dia de Reis a ordem é invertida. Com talco e espuma todos têm suas vestes e corpos pintados de branco.

entre o Natal e o Dia de Reis e só é chamado assim devido às suas características festivas. Como qualquer festa latino-americana a mistura de ritmos (*vallenato*, salsa, cúmbia etc.) é a norma.

As festividades são divididas em quatro etapas, comemoradas em dias diferentes. O pré-Carnaval começa no dia 28 de dezembro com o "dia da água". Nesse dia, pessoas de todas as idades saem às ruas para se molhar de todas as formas possíveis com baldes, canecas, mangueiras e até hidrantes. Um dia todo onde o único objetivo é dançar e se refrescar.

O desfile de *La Família Castañeda* ocorre no dia 4 de janeiro, e é a abertura oficial da festa, onde se reconstitui um incidente que teria ocorrido no início do século XX, quando, durante o Carnaval, chegou a Pasto uma família composta por um casal, quatro filhos e alguns empregados que carregavam a mudança dos patrões enquanto tentavam ao mesmo tempo pastorear pelas ruas da cidade alguns porcos e ovelhas. Segundo a tradição, a tal família, ao se defrontar com os foliões, ficou atônita, pois nada sabia sobre aquela festa e, de repente, se viu no meio da folia. Os líderes dos blocos teriam pedido que os foliões dessem passagem à família e nesse momento um deles, Alfredo Torres Arellano, teria gritado "viva a família Castañeda!" (não era esse o nome real da família, mas, desde então, no dia do desfile, as pessoas se fantasiam para a festa com roupas como as usadas no início do século XX).

No dia seguinte, festeja-se o Dia dos Negros (e então finalmente o leitor entenderá o porquê do nome). Esse festejo remonta a uma rebelião escrava ocorrida no final de 1607, em que a gigantesca população negra da região de Popayán solicitou à Coroa espanhola um dia ao ano em que os negros pudessem ser verdadeiramente livres. Para conservar a paz social e acalmar os ânimos, o vice-rei local concedeu o 5 de janeiro, véspera do Dia de Reis, como um dia de folga para os escravos. Nesse dia, para comemorar, os negros saíram pelas ruas dançando e pintando de preto as paredes tradicionalmente brancas das casas do então vilarejo. Hoje, os foliões comemoram a data oferecendo nas ruas as *pinticas*, pequenas bolinhas pretas que são desenhadas no corpo uns dos outros com cosméticos até que todos fiquem inteiramente pintados de preto.

No dia 6 de janeiro, a cor muda: é a vez das guerras sem quartel de talco perfumado e espuma, quando todos se tornam brancos. Aliás, uma dica para quem quer sair às ruas em qualquer festividade carnavalesca colombiana: use roupas velhas, pois, tanto em Pasto, quanto em Barranquilla, ninguém volta para casa como saiu.

Com o crescimento da festa, fez-se necessária a criação de uma entidade forte que assumisse a responsabilidade pelo planejamento, a organização e a execução da festa, assim como ocorre em Barranquilla, numa parceria de artistas locais com a prefeitura e a Associação Comercial e Industrial da cidade.

Halloween na Colômbia

Se aqui no Brasil o Halloween é algo ainda restrito, na Colômbia as ruas ficam decoradas com abóboras, bruxas, fantasmas e outras figuras do gênero, e, na noite de 31 de outubro, as crianças saem às ruas fantasiadas, batem às portas e dizem:

Triqui triqui Halloween
Quiero dulces para mí
Si no hay dulces para mí,
Se le crece la nariz!
("Triqui Triqui Halloween/Quero doces para mim/Se não há doces para mim/ O seu nariz irá crescer").

"*Triqui triqui*" é a versão colombiana de "*trick or treat*" ("gostosuras ou travessuras") e virou uma marca do Halloween local. Há ainda uma versão mais fofa, geralmente dita por crianças menores:

> *Quiero paz, quiero amor*
> *Quiero dulces por favor!*

No entanto, o Halloween colombiano não é uma festa exclusivamente infantil. Assim como nos EUA, o engajamento é geral. Segundo pesquisa da Federação Nacional do Comércio da Colômbia, 73% dos colombianos festejam o Halloween, sendo que, em Bogotá, o envolvimento da população chega a impressionantes 88%, com 62% dos habitantes devidamente fantasiados.

Há controvérsias sobre as origens e o sucesso dessa festa tão tipicamente anglo-saxã num país como a Colômbia. Há quem diga que é a influência da cultura mexicana na América Latina e o seu *Día de los Muertos* ("Dia dos Mortos"). Na minha visão, no entanto, o sucesso do Halloween nesse pedaço da América do Sul só pode ser atribuído à intensa admiração que esse povo tem pelos EUA. A festa surgiu na Colômbia trazida por colombianos americanizados, que viveram nos Estados Unidos ou lá passavam férias. Aliás, diferentemente dos povos de outros países da América Latina, que por vezes são muito críticos com relação aos EUA, os colombianos apreciam muito e sem ressalvas os norte-americanos e sua cultura.

Día de las Velitas

O *Día de las Velitas* é uma festa religiosa que celebra o anúncio feito pelo papa Pio IX em 8 de dezembro de 1854 a respeito do dogma da Imaculada Conceição de Jesus. Ele é comemorado nas cidades com procissões e fogueiras nas noites dos dias 7 e 8 de dezembro, ocasião em que os colombianos também costumam deixar velas acesas nas janelas de suas casas, mas também iluminando ruas, avenidas e shoppings. Em absolutamente todo o país essa tradição é respeitada e seguida.

Natal e Ano Novo

Na Colômbia, o Natal, ou *La Navidad*, é um grande evento. Cidades competem entre si por prêmios de melhor decoração natalina. Na noite de Natal, os colombianos comem muito. Mas muito mesmo. Os pratos típicos de Natal são os *tamales*, o *ajiaco* (ver capítulo "Culinária") e os bolinhos de chuva. À meia-noite do dia 24 de dezembro, eles trocam presentes e se abraçam; depois, varam a noite bebendo e dançando. No dia seguinte, costumam fazer um enorme churrasco acompanhado das sobras da ceia. Uma diferença marcante com relação ao Brasil é que no Natal colombiano a figura do Papai Noel está praticamente ausente. No folclore natalino colombiano, é o Menino Jesus quem traz os presentes e os coloca sob as camas das crianças. Os pais também costumam dizer aos filhos que eles não devem beliscar a comida antes da hora, porque aquela ceia foi preparada para o Menino Jesus. Uma amiga de Medellín me contou que, certa vez, quando ela ainda era bem criança, ao acordar na manhã do dia 25 ficou furiosa ao ver a mesa vazia e foi aos gritos avisar os pais reclamando que "o Menino Jesus havia comido tudo!".

Os costumes relacionados às comemorações colombianas do Ano Novo são parecidíssimos com os nossos: alguns comem 12 sementes de uva, usam roupa íntima de determinada cor para "atrair" algum tipo de sorte, fazem contagem regressiva e soltam fogos. A única diferença é o hábito de colocar uma mala pronta na porta para favorecer aqueles que desejam viajar no ano que está por vir.

Festas de 15 anos e casamentos

As festas de 15 anos no estilo baile de debutantes têm se tornado cada vez mais populares na Colômbia, mesmo entre as classes mais desfavorecidas. O rito que simboliza a transformação da menina em mulher, na contracorrente de outros países, é na Colômbia bastante valorizado. No dia da festa, a aniversariante passa muito tempo no salão de beleza e, depois, com um belo vestido de noite é "apresentada à sociedade". Nas festas de 15 anos mais populares, logo após a tradicional valsa em que a garota dança com o pai, o *reggaeton* e a cúmbia tomam conta do baile. Muitas famílias economizam meses para dar a festa e ainda presentear a filha com uma viagem à ilha de San Andrés ou para o Panamá. Nas classes mais altas, costuma-se fechar um clube para fazer a festa, além de alugar uma limusine para que a aniversariante chegue ao local em grande estilo e, dependendo do poder aquisitivo da família, até contratar um artista de renome nacional para animar a festa. É comum entre a classe alta que o presente da filha seja uma viagem para os EUA (geralmente para Miami). Em uma sociedade ainda tão machista, não é contraditório que as meninas tenham seu momento de "princesa" à moda dos anos 1950.

As festas de casamento colombianas mais simples incluem basicamente uma recepção em um salão de festas ou churrascaria após a obrigatória cerimônia na igreja, e a festa (como tantas outras) só termina com o sol nascendo. É comum nas classes mais populares presentear os noivos com dinheiro vivo ou vales-presente de lojas além dos tradicionais jogos de panela.

Já entre os mais abastados, as comemorações têm início meses antes e incluem diversos "chás de noiva", almoços, jantares e finais de semana de lazer e comilança na *finca* (chácara) das famílias dos noivos. Duas noites antes do casamento propriamente dito, ocorre uma festa chamada *Entrada de los regalos* ("Entrada dos presentes"), onde, como o nome já diz, os presentes são recebidos pelos noivos. Essa festa muitas vezes é tão cara quanto a festa de casamento. Aqui não é considerado de bom tom presentear com dinheiro ou vales-presente. Entende-se nesse contexto que o dinheiro ou o vale são recursos preguiçosos, que o convidado não se deu ao trabalho de pensar no que agradaria os noivos.

Na cerimônia realizada na igreja, as damas de companhia costumam levar até o altar 13 moedas de ouro, simbolizando o dote da noiva, relembrando tempos coloniais. No mais, tudo é muito semelhante a uma cerimônia brasileira: há os padrinhos, o pai conduz a noiva até o altar etc.

Numa festa de casamento colombiana come-se *lechona*, *tamales* (ver capítulo "Culinária"), arroz com frango e se bebe refrigerantes, vinho, champanhe, cerveja e, sempre, a tradicional aguardente.

Na Colômbia, o casamento civil só surgiu em 1973 e, hoje, a simples "união estável" é cada vez mais comum, até porque concede os mesmos direitos que uma "união civil". Enquanto, cada vez mais, muitos casais veem essa opção como a mais prática e desejável, os conservadores consideram o que chamam de *unión libre* uma imoralidade e um insulto às tradições do país, refletindo as tensões entre tradição e modernidade em uma sociedade em transformação.

MÚSICA E RITMOS

A música colombiana é tão rica e variada quanto sua geografia. Neste tópico, traremos desde a música mais tradicional e típica do país até ritmos modernos que não são originalmente nativos, mas que fazem muito sucesso por lá.

Começando por algo pouco conhecido pelos brasileiros: a tradição erudita colombiana. Contemporâneo de Heitor Villa-Lobos, Guillermo Uribe Holguín, assim como o maestro brasileiro, se tornou célebre por incluir elementos da música local em sua obra eternizada em *Trozos en el sentimiento popular*, uma monumental coleção de 300 peças escritas para o piano entre 1927 e 1939, e *Furatena*, baseada em lendas pré-colombianas.

Outro destaque da música erudita é José María Ponce de León, maestro da orquestra Sinfônica de Bogotá e compositor das duas primeiras óperas colombianas, *Ester* (1874) e *Florinda* (1880). Cartagena recebe desde 2009 o Cartagena Music Festival, que já faz parte do calendário mundial dos eventos de música erudita, contando com apresentações, palestras e *workshops*.

Também de Cartagena, mas já no âmbito popular, vem a cúmbia, cuja origem está ligada ao porto da cidade, a principal entrada de escravos africanos que traziam consigo a música da costa ocidental da África, que, em território colombiano, sofreu influências das danças indígenas e espanholas. A cúmbia, como típica música costeira, teve enorme dificuldade de fazer sucesso fora da região de origem. Como se dizia na época, o início do século XX, "os bogotanos tem a convicção de que a civilização começa e termina em Bogotá". Para os bogotanos, tudo o que vinha da rural Medellín era considerado "caipira", enquanto a cultura litorânea era vista como vulgar e de mau gosto. A alta sociedade bogotana preferia ritmos norte-americanos ou então o *pasillo*, uma espécie de serenata considerada um verdadeiro sonífero pelos *costeños*. Para ser aceita nos salões da capital, a cúmbia teve que se adaptar e o responsável por isso foi Lucho Bermúdez, que reuniu excelentes músicos e, ao estilo das *big bands* norte-americanas, fez da música do litoral o gênero perfeito para se colocar fogo num salão de festas dos anos 1940. Lucho Bermúdez é considerado o Benny Goodman colombiano, pois assim como o músico norte-americano, Bermúdez fez a música negra se tornar "aceitável" para a classe média e alta das grandes cidades. Paradoxalmente, esse foi o início da decadência da cúmbia enquanto ritmo: os grupos dos anos 1950 e 1960, com nomes em inglês como Los Golden Boys, pasteurizaram a cúmbia e a despojaram de sua autenticidade. Para voltar às origens e despir a cúmbia de elementos norte-americanos que haviam "desvirtuado" o gênero tornando-o "mais palatável aos gringos", foi necessário um retorno às raízes litorâneas, mantendo a formação com muitos integrantes, mas sem a influência quase jazzística para a qual a cúmbia havia se desviado.

Outros ritmos nativos e bastante tradicionais na Colômbia são o *bambuco* e o *joropo*. O primeiro, originário da região andina, é semelhante à valsa e à polca de meados do século XIX. Hoje é considerado um verdadeiro patrimônio nacional, remetendo a uma época em que o país, recém-desmembrado do Equador e da Venezuela, buscava uma identidade própria.

Já o *joropo* é o gênero musical mais representativo da região leste do país, famosa pela produção de lá. Com o uso de instrumentos como a harpa *llanera*, o *joropo* é a música típica da região pecuarista da Colômbia. O torneio internacional de *joropo*, que ocorre anualmente em Villavicencio, atrai mais de 500 mil pessoas que lá vão para ouvir as músicas, assistir as apresentações de dança, os espetáculos equestres e, uma mania nacional, o concurso de Rainha do Torneio.

Vamos agora aos ritmos musicais atualmente mais importantes em termos de representatividade cultural e sucesso comercial na Colômbia.

Vallenato, colombiano por excelência

Estilo musical típico e mais importante da Colômbia, o *vallenato* nasceu por volta de 1880 na costa do país e mistura diversas influências étnicas. Embora seja um dos grandes clichês dos estudos culturais afirmar que tal estilo é "uma mistura das contribuições europeia, indígena e africana", no caso do *vallenato*, seus principais instrumentos, o acordeão, a *guacharaca* (instrumento de percussão) e os tambores são de fato heranças europeia, indígena e africana, respectivamente. A versão mais aceita sobre suas origens conta que o estilo nasceu no entorno da cidade de Valledupar, capital do departamento de Cesar. O *vallenato* era muito popular entre as classes baixas, sendo o ritmo preferido de suas festas.

O *vallenato* tradicional (e mais folclórico, digamos assim) é tocado apenas com acordeão e percussão, e sua temática principal envolve o cotidiano das pequenas cidades, a amizade e o amor à terra natal. Seus pioneiros foram Alejandro Durán, Abel Antonio Villa e Luis Enrique Martínez. Pois bem, um brasileiro que nunca ouviu um *vallenato* na vida e lê que se trata de um ritmo caribenho deve pensar que ele é semelhante a uma salsa, certo? Errado! Na verdade, ele é muito semelhante à nossa música caipira de raiz e à música gauchesca (especialmente na predominância do acordeão). Ouvindo o *vallenato* tocado por duplas como Binomio de Oro e Los Diablitos, não há como não lembrar as clássicas duplas caipiras (como Matogrosso e Matias, Tonico e Tinoco) no uso das duas vozes e na temática: a saudade de passado simples que não existe mais, o apego aos costumes da terra, a religiosidade ou os bailes tradicionais.

Carlos Vives modernizou o *vallenato* instrumentalmente, mas resgatou suas raízes e demonstrou enorme respeito às suas tradições. Vives foi o primeiro colombiano a ganhar um Grammy "norte-americano", além de nove Grammys Latinos, além de ter tido mais de 50 milhões de discos vendidos em todo o mundo. Natural de Santa Marta, a obra de Vives representa um marco no renascimento do gênero. Carlos Vives começou a carreira como ator de novelas em 1982, muitíssimo bem-sucedido, diga-se de passagem. Inquieto, porém, abandonou a carreira para se dedicar à música de sua terra. Após dois álbuns em tributo ao lendário compositor de *vallenatos* Rafael Escalona, Vives gravou em 1993 com grande sucesso *Clásicos de la provincia* (onde vestiu o gênero com uma roupagem mais moderna) que contém *standards* do gênero como "La gota fria" (que narra um duelo entre duas lendas do *vallenato*, Zuleta Baquero e Lorenzo Morales, El Moralito) e "La cañaguatera".

Estilos que vieram de fora: salsa, rock, *reggaeton*

Entre os estilos que fazem sucesso na Colômbia, mas se originaram fora do país, destaca-se a salsa. A salsa é um gênero marcado pela mistura (da mesma forma que a rumba, o mambo e o chamado *latin jazz*), tem origem em Cuba, mas é também bastante popular em Porto Rico, na Venezuela e em certos bairros de imigrantes em Miami e Nova York.

A obra que deu nome ao gênero, "Echale salsita", surgiu na década de 1930 criada pelo cubano Ignácio Piñeiro e trazia como novidade (e uma das principais características do gênero) o uso massivo do trompete. (Na Cuba socialista, o ritmo foi totalmente rechaçado pelo regime que, até hoje, o considera uma vertente comercial de um ritmo cubano típico chamado *son*.)

A salsa é um ritmo feito para o baile e para a diversão e, como tal, sempre absorve novas influências. Na Colômbia das décadas de 1960 e 70, a salsa se definiu como um elemento de identidade predominantemente urbana. Em cidades como Barranquilla, Cali e Cartagena, devido ao clima quente e à forte presença da cultura afro, a salsa caiu facilmente nas graças dos habitantes locais.

Foi um funcionário da gravadora Fuentes, Julio Ernesto Estrada, conhecido como Fruko, que mudou para sempre a salsa tocada na Colômbia e lhe deu uma cara própria. Em uma de suas viagens de trabalho a Nova York, Fruko viu apresentações de salsa moderna e resolveu criar uma orquestra colombiana usando naipes de metais impecáveis e excelentes vocais; seu grupo musical foi um divisor de águas na cena musical do país.

Os colombianos que mais apreciam a salsa são certamente os de Cali – cidade que, na década de 1960, declarou o ritmo parte de seu patrimônio cultural. Em Cali, há mais de cem escolas de dança. Seu prestigioso festival anual atrai milhares de pessoas todos os anos. Nos finais de semana, as dezenas de *salsatecas* – como são chamadas as boates de salsa do bairro Juanchito – ficam lotadas de casais dançando até o amanhecer. Contudo, são grupos bogotanos, como o La-33 e o La Conmoción, entre muitos outros, que têm modernizado essa dança, feita para casais e que exala sensualidade.

Existe rock colombiano? Sim, existe, embora não seja tão popular quanto outros ritmos de grande alcance nas rádios. O rock chegou à Colômbia via México e, como no restante da América do Sul, passou por altos e baixos. Nos anos 1960, houve na Colômbia um movimento semelhante ao da nossa Jovem Guarda, mas sem o mesmo sucesso, com grupos como Los Speakers e Los Flippers, que basicamente imitavam a fase inicial e mais ingênua dos Beatles. A banda mais representativa do rock colombiano é o Aterciopelados. O grupo, cujo núcleo é formado por Andrea Echeverri e Héctor Buitrago, se tornou famoso na década de 1990 pela fusão de rock com música folclórica colombiana e outros ritmos latinos, mas também pelas letras de protesto contra a violência, a destruição do meio ambiente e o machismo. A causa feminista, portanto, é uma das marcas dessa banda militante, embaixadora da Anistia Internacional na luta contra os maus-tratos à mulher. Os álbuns *Río* e *El Dorado* estão entre os dez melhores álbuns de rock latinos da história segundo a prestigiosa revista *Rolling Stone*.

Desde 1994, Bogotá sedia o Rock Al Parque, um dos mais tradicionais festivais ao ar livre da América do Sul. Durante três dias, no parque Simón Bolívar e em três palcos distintos, se apresentam artistas de diferentes gêneros musicais, não somente do rock. Esse evento anual, que já é patrimônio cultural da cidade, reúne dezenas de milhares de jovens.

Quem viaja pela América Latina sabe: de Porto Rico ao Panamá, da Venezuela ao Paraguai é simplesmente impossível andar pelas ruas sem ouvir *reggaeton*. É o gênero musical mais popular entre os jovens, a "música da balada" há pelo menos uma década, portanto, independentemente de sua qualidade musical (ou falta dela, diriam os detratores), temos que falar de *reggaeton*.

Curiosamente, suas origens estão ligadas a uma das maiores obras da engenharia de todos os tempos, o Canal do Panamá, construído em 1903. As empresas norte-americanas contrataram milhares de operários de toda a América Latina e Caribe para a construção do canal. Muitos deles vieram da Jamaica e, segundo a versão mais aceita, o *reggaeton* tem origem na década de 1970, quando os descendentes desses trabalhadores jamaicanos que por lá ficaram passaram a compor *reggaes* em espanhol.

Originalmente, o *reggaeton* é um gênero derivado do *raggamufin*, uma mistura do *reggae* com o hip hop e o rap norte-americanos. Percebem-se no *reggaeton* de fato fortes influências também do *dance hall*, gênero urbano com clara influência do funk norte-americano e evidentemente da música latina. Mas foi em Porto Rico que o gênero ganhou o formato atual. Nada mais lógico, afinal Porto Rico é um Estado Associado dos EUA, que fica no Caribe e fala espanhol, ou seja, é a personificação do estilo. O nome *reggaeton* nasceu das chamadas Maratonas de Rap de Porto Rico, nas quais cantores de *reggae* começaram a se apresentar no estilo dos rappers norte-americanos. Assim, o *reggae* acelerado das maratonas se tornou o *reggaeton*. Contudo, o gênero logo se distanciou das letras politizadas do rap e passou a falar basicamente de drogas e sexo.

Assim como ocorre com a salsa, o *reggaeton* é um estilo aberto que absorve as mais diversas influências e se adapta com facilidade aos ritmos locais. Contudo, o interesse comercial é a ordem aqui. Os artistas de *reggaeton* não têm o menor pudor em escancarar estratégias de mercado, afirmando em entrevistas que fazem uma canção para as baladas, outra mais romântica para as meninas, outra *callejera* ou *street* para embalar as gangues urbanas e assim por diante. Assistindo aos clipes de *reggaeton*, percebemos grande semelhança com o estilo "ostentação" dos funkeiros brasileiros. Assim como o funk (sempre lembrando que me refiro ao que chamamos de funk no Brasil, que nada tem a ver com estilo imortalizado por James Brown), o *reggaeton* é constantemente acusado de objetificar as mulheres, exaltar o machismo e fazer apologia da violência. Um de seus mais conhecidos passos de dança, o *perreo*, nada mais é do que uma simulação do ato sexual. De fato, é difícil defender o estilo das acusações de sexismo.

Na Colômbia atual, o sucesso do *reggaeton* é gigantesco e o país chega a ser considerado "a segunda casa do gênero", depois de Porto Rico. Entre os colombianos, ele é tão popular quanto o "funk brasileiro" no Brasil. As pessoas gostam, sobretudo, porque ele é dançante e *sexy*. O *reggaeton* é tido pelos colombianos como o *hit* perfeito para as pistas de dança; também é pop o suficiente para ser compreendido em todo o mundo. O ídolo maior do *reggaeton* colombiano é José Álvaro Osorio Balvin, ou J. Balvin, o primeiro artista colombiano além de Shakira a ultrapassar a marca de um bilhão de visualizações de um vídeo no YouTube com "Ay vamos".

Shakira, sucesso internacional

Panteão é um projeto do Instituto Tecnológico de Massachussets (MIT) que classifica as 11 mil pessoas mais célebres da história, que viveram entre 4 mil a.C. e 2010. Em sua lista há 16 colombianos. Falaremos neste livro sobre quatro deles: Shakira, Juanes, Gabriel García Márquez e Fernando Botero.

Cantora, instrumentista, compositora, ativista, criadora da ONG Pies Descalzos e embaixadora da Boa Vontade da Unicef, Shakira é um dos símbolos nacionais colombianos frente ao mundo.

Quando era criança em Barranquilla, Shakira Isabel Mebarak Ripoll era motivo de riso. Foi rejeitada pelo coral da escola sob alegação de que o seu (agora famoso) *vibratto* se parecia com o balido de uma ovelha. Inúmeros prêmios internacionais, 125 milhões de álbuns vendidos e vídeos que ultrapassam 1 bilhão de visualizações no YouTube depois, a *costeña* cometeu uma piada sútil ao dublar uma gazela *mezzosoprano* na animação *Zootopia*.

Desprezada, Shakira treinava cantando em casa músicas árabes (herança do pai, um comerciante sírio-libanês). Aos 10 anos de idade já havia composto 19 canções. No final dos anos 1980, chegou a vencer por três vezes consecutivas um concurso de talentos de um programa de TV colombiano, mas os dois primeiros álbuns de Shakira foram um fracasso de dar dó: *Magia*, de 1991, vendeu apenas mil cópias. *Peligro*, de 1993, teve apenas 223 cópias vendidas. A vergonha foi tamanha, que Shakira, uma menina de 15 anos, desabou. Tentou romper o contrato que tinha com a Sony-BMG Colômbia, pois se dizia envergonhada do fracasso, após a companhia e a família terem depositado tantas expectativas em seu sucesso. O então presidente da gravadora insistiu que o contrato, que previa três álbuns, fosse cumprido e que ela tentasse mais uma vez.

Após o fiasco de *Peligro*, Shakira chegou a atuar na novela *El oasis*, sem grande repercussão. Nessa época, ela venceu o concurso *La mejor cola de Colombia* (uma espécie de Miss Bumbum da época, promovida pela revista *TV y Novelas*). Como se nota, a carreira de Shakira estava sem rumo e refletia o sentimento de fracasso da cantora.

Essa situação persistiu até que a gravadora resolveu lançar uma compilação de artistas colombianos chamada *Nuestro Rock* e a convidou a incluir uma canção. Shakira se recusou a incluir uma música dos dois primeiros álbuns e se ofereceu para compor uma nova: nascia "¿Donde estás corazón?", seu primeiro sucesso e a parceria com o produtor de *Nuestro Rock*, Luis Fernando Ochoa. Com ele, Shakira gravou um som mais voltado ao pop rock no álbum com o qual saiu do anonimato, *Pies descalzos*. Esse álbum reinventou a então estagnada carreira da cantora colombiana e proporcionou-lhe sua primeira turnê latino-americana, que incluiu 22 shows no Brasil.

Passado o rubicão, em 1998 lançou *¿Dónde están los ladrones?*; canções como "Ciega sordomuda", "Ojos así" (muito influenciada pela música árabe, inclusive com um trecho cantado naquela língua), a faixa-título e "Inevitable" levaram Shakira a outro patamar. Em 2001, lançou *Laundry Service/Servicio de lavandería*, e com ele veio a consagração: primeiro álbum bilíngue de Shakira, vendeu assombrosos 25 milhões de cópias e a catapultou ao superestrelato com sucessos como "Whenever, wherever", "Objection (Tango)" e "Underneath Your Clothes".

Shakira sempre teve grande facilidade em aprender línguas e fala fluentemente, além do espanhol, o inglês e o português, se arriscando eventualmente no francês e no italiano. Ela também é conhecida por se esforçar para interagir com o público e dar entrevistas no idioma local, sempre que possível. *Laundry Service* chegou ao primeiro lugar no Canadá, Suécia, Suíça, Holanda e Argentina, entre outros. Contudo, marcou também o início do distanciamento entre Shakira e a Colômbia, como veremos mais adiante.

Em 2006, ela lançou o sucesso "Hips don't lie", em parceria com o haitiano Wyclef Jean. A música cita Barranquilla e brinca com expressões espanholas conhecidas dos norte-americanos como *"mi casa su casa"*. Em 2009, gravou duas canções para a trilha sonora do filme *O amor nos tempos do cólera*, adaptação do clássico de um de seus grandes ídolos e amigo, Gabriel García Márquez. Durante um encontro com o escritor, ela declarou: *"Si no canto me muero"* (se não canto, morro).

Neste momento, a carreira de Shakira parecia ter se consolidado e continuaria sendo marcada por sucessos, mas nada como "Hips don't lie". Foi aí que surgiu "Waka Waka (this time for Africa)", escolhida como canção-tema da Copa do Mundo de 2010, disputada na África do Sul. A canção alcançou o topo das paradas em nada menos que 50 países, igualando um feito alcançado somente por Michael Jackson, Madonna e Britney Spears. O que poucos sabem é que "Waka Waka" é uma versão de uma música popular camaronesa chamada "Zangalewa". A canção foi gravada originalmente em 1986 por um grupo daquele país chamado Golden Sounds. Apesar de parte do público africano ter acusado Shakira de plágio, o próprio Golden Sounds deu uma declaração afirmando que a canção, criada por soldados camaroneses durante uma corrida matinal, é de domínio público.

Uma das principais razões do sucesso de Shakira são as letras intimistas com as quais muitas pessoas conseguem se identificar e que se destacam da sucessão de chavões descartáveis do universo pop. Mas o que difere Shakira de todos outros cantores é seu extremo perfeccionismo. O documentário *Off the Record* retrata Shakira como uma *control freak*, obcecada por todos os detalhes do seu show, dos arranjos à iluminação, revendo as gravações dos shows, buscando corrigir erros e fazendo com que todos ao seu redor trabalhem no mesmo ritmo de neurose e ansiedade.

A vida amorosa de Shakira já foi assunto não apenas dos sites de fofoca, mas também das páginas de política. No ano 2000, a cantora colombiana engatou um namoro com Antonio de La Rúa, filho do então presidente argentino Fernando de La Rúa. Assim que começaram a ser divulgadas as fotos das primeiras viagens do casal, a opinião pública nacional argentina começou a se perguntar de onde saíam os recursos para os hotéis de luxo e demais despesas. Afinal, Antoñito, como era conhecido, nunca trabalhara e diziam, portanto, aquele namoro só poderia estar sendo bancado com dinheiro público, um escândalo em qualquer situação, mas ainda mais na Argentina, que vivia uma das piores recessões da história. O auge do debate ocorreu quando foi divulgado que Shakira e Antonio haviam comprado um apartamento em Buenos Aires no valor de quase três milhões de dólares. Acuado, o presidente argentino afirmou que todas as despesas do casal, inclusive o apartamento, eram bancadas por ela. O presidente salvou sua honra, mas o filho passou a ser vítima do machismo e da misoginia argentina, incapaz de aceitar que uma mulher possa ser a provedora de um casal. Se a opinião pública estava preocupada com os gastos do casal, a família de Antonio nunca aceitou o namoro: esperava que ele se casasse com uma boa e discreta filha da elite portenha e não com uma colombiana que abusava da sensualidade em seus vídeos e no palco. O relacionamento durou até 2010. No ano seguinte, Shakira conheceu Gerard Piqué, zagueiro do Barcelona, durante as gravações do clipe de "Waka Waka". Escreveu para ele a canção "23", referência ao fato de que, apesar do casal dividir a data do aniversário (2 de fevereiro), Piqué é exatamente dez anos mais jovem do que a cantora e tinha apenas 23 anos quando se conheceram.

Quando estive na Colômbia em 2010, esperava ver gigantescos *outdoors* da cantora, ouvir seus sucessos no táxi e que se falasse dela com admiração nas conversas de rua. Nada disso aconteceu.

Claro que Shakira lota estádios toda vez que toca em Bogotá ou outra cidade, mas não há nenhum orgulho nacional em se falar dela na Colômbia. Parece que algo se perdeu a partir de *Laundry Service*. Conversando com locais, observei que há um ressentimento velado em relação à artista, especialmente nas classes mais populares. Reclamam por ela ter pintado o cabelo de loiro, por ter passado a cantar em inglês, por ter americanizado o seu som, entre outros motivos. Para muitos, ao se tornar cidadã do mundo, Shakira pasteurizou sua música e perdeu sua alma colombiana. (De certa forma, é uma repetição do que sofreu Carmen Miranda ao voltar ao Rio, em 1940, depois de anos em Hollywood. A mágoa do público era tamanha que ela gravou "Disseram que eu voltei americanizada", de Vicente Paiva e Luiz Peixoto.)

O evento que confirmou o que muitos colombianos pensam de Shakira está registrado no YouTube: em abril de 2012, a cantora foi convidada a cantar o hino colombiano na abertura da Cúpula das Américas, ocorrida em Cartagena, e errou a letra nada menos que três vezes. O tropeço gerou *memes* nas redes sociais e a confirmação da ideia amplamente difundida de que "Shakira se esqueceu de seu país", e que assim também foi esquecida por este. Uma prova desse esquecimento é que uma escultura de cinco metros de altura da cantora colocada em frente ao Estádio Metropolitano de Barranquilla (sua cidade natal, sempre é bom lembrar) encontra-se hoje com as marcas do abandono: sujeira, pichações e ferrugem. Cheguei a conhecer adolescentes em Barranquilla que conheciam todos os astros do *reggaeton*, mas não sabiam sequer que Shakira é colombiana.

Juanes, sucesso nacional

Não muito conhecido no Brasil, Juan Esteban Aristizábal Vásquez é um cantor famoso por seu engajamento em questões políticas e sociais de seu país. Com milhões de seguidores nas redes sociais, considerado pela revista *Time* uma das pessoas mais influentes do mundo e pelo jornal *Los Angeles Times* a figura mais importante da música latina na década de 2010, Juanes nasceu num lar cercado pela música em Carolina Del Príncipe (no norte do país). No álbum *Un día normal* (2002) consolidaria seu som, um *mix* de influências latinas e Carlos Santana (guitarrista mexicano considerado um dos maiores de todos os tempos desde sua memorável apresentação no Festival de Woodstock, em 1969). "A Dios le pido", um hino à paz que se tornou *hit* mundial, e a parceria com Nelly Furtado em "Fotografía" são os grandes destaques. Seus álbuns de maior sucesso até hoje são *Mi sangre* (2004), com aquele que é sem dúvida seu maior sucesso, "Camisa negra". Além da sua produção musical, Juanes também é conhecido por seu ativismo político. Em 2009, promoveu concertos em Cuba e na fronteira entre Venezuela e Colômbia, pela paz entre os dois países. Colocou-se totalmente a favor do "sim" no plebiscito colombiano sobre o acordo de paz com as Farc (em 2016) e criou a Fundación Mi Sangre para ajudar as vítimas das minas antipessoais.

Roberto Carlos é o Brasil na Colômbia

Quando se pergunta de artistas brasileiros aos colombianos, muitos citarão Michel Teló e seu "Ai se eu te pego", outros a banda Calypso e há quem conheça os Paralamas do Sucesso (que excursionaram com os Aterciopelados na década de 1990). Mas, não tem jeito, Roberto Carlos é mesmo o Rei, o maior representante da música brasileira não só na Colômbia, mas na América Latina. Assim como no Brasil, na Colômbia Roberto Carlos é uma referência afetiva para muita gente, que se recorda que seus pais ou avós o escutavam muito; e todos conhecem as principais canções desse artista que vendeu mais de cem milhões de álbuns em todo o mundo.

E os colombianos têm uma relação muito especial com a canção "Amigo". Enquanto no Brasil a canção de 1977 foi um grande sucesso, mas não superou "Detalhes" ou "Emoções", na Colômbia "Amigo" é o hino das homenagens, das despedidas... E dos funerais. Entre os colombianos, é comum que o velório seja uma celebração ao estilo de vida do falecido, assim, muitas vezes os velórios são regados a bebidas e música, sendo "Amigo" um grande *hit* funerário. Mas a canção também brilha nos campos de futebol. As torcidas do Atlético Nacional de Medellín e do América de Cali fizeram belas versões de "Amigo" que incendeiam seus estádios.

CONCURSOS DE MISS: UMA OBSESSÃO

Concursos de miss (ou de *reinas de belleza*, como se diz na Colômbia) são anacronismos de outra época em que a mulher costumava se afirmar apenas pela sua bela estampa e não por outras qualidades atribuídas ao homem como a inteligência, capacidade de liderança etc. A ideia de que em pleno século XXI mulheres desfilem em uma passarela para serem julgadas e avaliadas por suas curvas e medidas que devem caber em um modelo de beleza preestabelecido parece bizarra em um mundo em que elas podem ser muito mais do que simplesmente um corpo bonito. No entanto, em muitas regiões do mundo como o Sudeste Asiático e, especialmente, a América Hispânica, ser coroada como miss ainda é o sonho de muitas garotas.

Na Colômbia, esses concursos são extremamente populares, embora curiosamente o país tenha apenas dois títulos (o mesmo número que o Brasil) e esteja muito distante da rival e supercampeã Venezuela, que possui sete. Os concursos de miss são acompanhados pelos colombianos quase como nós brasileiros acompanhamos uma Copa do Mundo, e os desfiles e as declarações das candidatas são discutidos por horas a fio em programas especiais e telejornais.

A primeira Miss Colômbia foi Yolanda Emiliani Román, eleita em 1934 numa cerimônia semelhante ao Oscar. Seu reinado durou 13 longos anos, não porque sua beleza *à la* Greta Garbo fosse imbatível, mas porque, devido à Segunda Guerra Mundial e a conflitos internos, uma outra edição do concurso só seria realizada em 1947.

Aos poucos, o Concurso Nacional de Beleza de Cartagena se tornou a competição oficial do país. No início, os organizadores sofriam com a precária rede hoteleira e as péssimas condições das estradas. Muitas vezes, as candidatas chegavam a dormir nos corredores dos hotéis, enquanto algumas delegações chegavam para a competição no lombo de mulas. Em 1955, devido a uma seca que atingia a região de Cartagena, a água para o banho das candidatas teve que vir de Barranquilla em caminhões-pipa. Como se não bastasse, ainda havia a oposição da Igreja Católica, que ameaçava com a excomunhão quem desfilasse em trajes de banho e o veto de vagas nos prestigiosos colégios católicos de Cartagena para a família da candidata. Dada a pressão, muitas desfilavam usando calças largas ou no máximo calções. Mesmo com todas essas dificuldades, três anos depois, Luz Marina Zuluaga foi a primeira Miss Universo colombiana. O detalhe curioso é que Luz não deveria ser a representante do país no certame, pois era vice-Miss Colômbia. Só foi chamada para ir à finalíssima realizada em

Long Beach, na Califórnia, porque a campeã Dóris Gil, aparentemente pressionada por um noivo ciumento, renunciou à coroa para se casar.

Apesar do que já dissemos aqui sobre o concurso aparentemente celebrar valores que não representam mais o papel feminino, nem todas as candidatas se encaixam no estereótipo de moças prendadas e bem comportadas. Em 1968, a Miss Bogotá María Victoria Uribe Alarcón fez declarações pró-aborto e eutanásia e ainda retirou sua peruca em pleno palco para exibir seu cabelo curtíssimo, provocando um escândalo na época. Considerada a primeira "anti-rainha", hoje Alarcon é uma reconhecida antropóloga que estuda a violência na Colômbia.

A época mais difícil para esse tipo de evento foi, sem dúvida, o final dos anos 1980 e início dos 1990, quando o dinheiro do narcotráfico passou a dominar os concursos. Não só tais eventos eram usados, assim como os campeonatos de futebol, para lavar dinheiro sujo, mas cada *narco* (chefe do tráfico de drogas) tinha sua candidata favorita que queria que vencesse a qualquer custo, mesmo que para isso fosse necessário comprar ou ameaçar os jurados. Para muitos traficantes, vencer de maneira limpa não interessava, pois nesse caso os méritos obviamente eram somente da candidata. Era comprando a Justiça, os concursos de miss e os campeonatos de futebol que os criminosos demonstravam poder aos seus pares. Foi assim até o início dos anos 1990, quando os cartéis foram desmantelados.

Na década de 1990, o problema passou a ser a popularização de cirurgias plásticas que poderiam artificialmente transformar os corpos femininos e moldá-los para as medidas de beleza padrão do concurso. Por isso, ficou estabelecido que as candidatas não podem se submeter a cirurgias estéticas nem colocar qualquer tipo de prótese. Raimundo Angulo, diretor do concurso, citou Gabriel García Márquez para justificar o veto: "Preferimos as mulheres feitas na cama e não na mesa de cirurgia".

O moralismo continua sendo muito forte nesses concursos que idealizam um papel feminino e as mudanças ocorrem de forma muito lenta. Por exemplo, em 2005, a Miss Bogotá Carolina Guerra foi destituída porque as regras de então, só muito recentemente modificadas, proibiam que as candidatas fizessem ensaios fotográficos considerados sensuais e Carolina havia sido fotografada para uma revista de saúde e beleza com as costas nuas.

Um episódio extrapolou o mundo dos aficionados e se transformou em um dos assuntos mais comentados no final de 2015 graças à constrangedora gafe do apresentador do evento Steve Harvey. Após anunciar a colombiana Ariadna

Gutierrez como vencedora do Miss Universo, com direito a coroação, faixa e lágrimas, o mestre de cerimônias interrompeu a celebração para anunciar que havia cometido um "terrível erro" e que a vencedora na verdade era a filipina Pia Alonzo Wurtzbach. Em tempos de redes sociais, o inusitado evento gerou uma enxurrada de *memes* que chegaram a ser divulgados e comentados em países onde o concurso é considerado um evento ultrapassado e nem faz mais sucesso.

ESPORTES

Os colombianos são loucos por esportes. É nos esportes (e na música) que encontram seus heróis (não muito diferente de nós brasileiros, a propósito), seu entretenimento e uma válvula de escape após uma dura semana de trabalho. Abordarei aqui um esporte local, o *tejo*, um esporte internacional no qual os colombianos se destacam, o ciclismo, e por fim a grande paixão colombiana (que também é sul-americana), o futebol, que no caso da Colômbia envolve fatores extracampo importantes para a compreensão do país, como o narcotráfico e as relações internacionais.

Tejo

Desconhecido entre nós, o *tejo* é um dos poucos esportes nativos da Colômbia e, por isso, merece espaço neste livro. Embora existam dúvidas sobre sua origem (a lenda diz que os indígenas disputavam uma competição similar há cerca de cinco séculos, mas não há evidências nesse sentido), o *tejo* é indubitavelmente parte da tradição nacional, sendo praticado em todo o país e tendo se expandido, inclusive, para os vizinhos Peru, Equador e Venezuela.

A visão que os colombianos têm desse esporte é ambígua: para muitos é um esporte de velhos (mais ou menos como a bocha é vista no Brasil) e de caráter meramente recreativo, que se joga enquanto se ouve música alta e se bebe quantidades industriais de cerveja. Para outros, no entanto é coisa séria. O *tejo* possui Federação Nacional reconhecida pelo Comitê Olímpico Colombiano e é considerado por uma lei federal de 2000 como o "esporte colombiano por excelência".

O jogo pode ser disputado de maneira individual ou por equipes. O *tejo* em si é um disco de metal pesando 600 gramas que deve ser atirado a uma distância de 20 metros até uma caixa de argila inclinada em um ângulo de 45 graus. O objetivo

Do que gostam e como se divertem | 73

Estátua, localizada em uma praça de Turmequé, que homenageia o *tejo*, esporte tipicamente colombiano, de origem indígena. A modalidade teria nascido nessa cidade e, por isso, o *tejo* também é conhecido na Colômbia como *turmequé*.

máximo é fazer com que o disco caia dentro de um círculo de metal chamado *bocín*. Ao redor desse alvo máximo, há quatro outros menores cobertos com pólvora que explodem ao serem atingidos pelo *tejo*. O vencedor é aquele que somar 27 pontos, sendo a pontuação máxima alcançada quando o jogador, além de conseguir colocar o *tejo* dentro do *bocín*, ainda consegue fazer com que a pólvora dentro desta caixa exploda. A pólvora tem tanto caráter lúdico, quanto serve como "prova" de que o competidor de fato atingiu os alvos.

Cancha (alvo) *de tejo*. O objetivo máximo é atingir o *bocín*, um buraco com pólvora que fica no alto da rampa. Os outros alvos também valem pontuação, embora menor.

Ciclismo

O ciclismo, esporte cuja imagem ficou terrivelmente manchada nos anos 2000 pelo escândalo de *doping* protagonizado pelo norte-americano Lance Armstrong, em nada perdeu seu prestígio na Colômbia, onde é mesmo uma mania. A paixão deste povo pelo esporte das duas rodas só pode ser comparada com a que o brasileiro demonstrava pela Fórmula 1 nos anos 1980 e 90. Não importa em que dia da semana as provas sejam disputadas, certamente você verá um grupo de colombianos parados em frente à TV de um estabelecimento comercial para acompanhá-las, mesmo que de passagem, para saber como estão se saindo Nairo Quintana e Sergio Luis Henao no masculino ou Mariana Pajón (medalha de ouro nos Jogos Olímpicos do Rio de Janeiro) no feminino. Já são quase 40 anos de hegemonia latino-americana desde que Martín Emilio "Cochise" Rodríguez venceu o Giro da Itália em 1973. Em 1984, Luis Herrera venceria o Tour de France e no ano seguinte repetiria a dose com outro colombiano, Fabio Parra, na segunda colocação. Uma dobradinha até então inédita, que fez os jornais franceses da época afirmarem que "os colombianos quando estão subindo parece que estão descendo", tamanha a facilidade deles em pedalar nas pistas mais íngremes. Mais recentemente, o país tem brilhado com Rigoberto Durán e o já citado Nairo Quintana, que repetiram o feito de seus antecessores no Giro d'Italia de 2014.

Mas o que faz o ciclismo ser tão popular na Colômbia e por que esse país se tornou uma potência do esporte? Na verdade, o ciclismo está fortemente ligado à cultura desse país andino, definido em boa parte pela necessidade que os colombianos têm de enfrentar a geografia acidentada, acordar muito cedo e possuir um meio de transporte barato. Por isso é que, ao contrário de outros países que são expoentes do esporte, como EUA e Espanha, os maiores ciclistas colombianos saem das classes mais humildes. O supercampeão Nairo Quintana, por exemplo, pedalava todos os dias 18 quilômetros de sua casa até a escola na pequena cidade de Cómbita, no departamento de Boyacá. Por razões geográficas, os ciclistas das regiões montanhosas como Boyacá são escaladores, enquanto os de Antioquia são ciclistas de velocidade. Na Volta da Colômbia, a principal prova da modalidade no país, há sempre uma alternância de hegemonia entre as duas regiões. Já nas provas internacionais, os boyacenses têm sido soberanos nas provas que exigem mais resistência, enquanto os ciclistas das regiões mais planas como Rigoberto Durán da Antioquia são soberanos nas provas de menor duração. A medicina também explica esse sucesso: acostumados a pedalar na altitude desde crianças, sua taxa de hemoglobina (metaloproteína que permite o transporte de oxigênio pelo sistema circulatório) sobe, aumentando a resistência.

Futebol

O futebol é imensamente popular na Colômbia, como o é em quase toda a América do Sul (com exceção da Venezuela, mais afeita ao beisebol). No entanto, historicamente, até os anos 1990, a Colômbia não apresentava um futebol à altura da paixão de seus torcedores. Foi somente a partir dessa década que a Colômbia passou a apresentar um futebol de melhor nível, e deixou de ser um saco de pancadas para se tornar uma das mais respeitadas escolas sul-americanas, revelando jogadores como Carlos Valderrama, Freddy Rincón, Faustino Asprilla, Victor Aristizábal, James Rodríguez e Falcao García.

Meninos jogam bola na Comuna Trece,
um dos principais bairros da periferia de Medellín.

Assim como no Brasil, o futebol chegou à Colômbia trazido por operários ingleses que vieram para o continente para construir ferrovias no início do século XX. As partidas, que a princípio eram disputadas apenas pelos britânicos, logo atraíram trabalhadores locais e, em pouco tempo, surgiram as primeiras agremiações como o Barranquilla Fútbol Club, o Santander, a Juventus e a Unión Colombia (hoje todas essas estão extintas). A Primeira Liga Nacional surgiria apenas em 1924, enquanto a Asociación Colombiana de Fútbol (Adefútbol) só seria criada em 1936, quando duas Copas do Mundo já haviam sido disputadas. Temos que lembrar (e veremos isso no capítulo "História") que a primeira metade do século XX no país foi bastante conturbada, o que inviabilizava a organização regular não só de torneios esportivos, como de quase tudo que estivesse de alguma forma ligada ao entretenimento, como a produção de filmes, exposições de arte, apresentação de concertos etc.

O primeiro campeonato, ocorrido em 1948, foi organizado não pela Associação oficial, mas por uma liga de clubes chamada Dimayor, uma associação privada, administrada por empresários de Bogotá, que visavam evidentemente retorno financeiro com um esporte que ganhava cada vez mais popularidade.

A liga oficial, organizada pela Adefútbol e reconhecida pela Fifa, não tinha nem de perto a mesma qualidade; e, sentindo-se ameaçada pelo sucesso da liga privada, simplesmente a desfiliou. Tal ato teria consequências jurídicas graves: a partir daquele momento, a Colômbia foi proibida pela Fifa de contratar jogadores estrangeiros e sediar partidas internacionais até que se resolvesse o imbróglio entre as duas federações.

Para surpresa de todos, no entanto, a Dimayor não pediu perdão à federação oficial, mas seguiu o caminho oposto, vendo na desfiliação uma oportunidade. Explico: uma vez desfiliada, a Dimayor não precisava (e este foi o "pulo do gato") se submeter às regras da Fifa que regiam o passe dos jogadores, por exemplo. Ainda em 1948, quase que como por uma conjunção astral, o presidente argentino Juan Domingo Perón estabeleceu um teto mensal para os jogadores de 175 dólares. Naquela época, a Argentina contava com uma geração espetacular de jogadores formada por Alfredo Di Stefano, Julio Cozzi e Adolfo Pedernera. De repente, aparece a Colômbia, país sem tradição futebolística, mas que não precisava respeitar teto salarial algum e oferecia salários bem altos.

Para ganhar "exorbitantes" (para a época) 5 mil dólares por mês, Pedernera foi para o Millonarios de Bogotá. Um investimento desse tipo na contratação de jogadores bons era facilmente recuperado com a renda das bilheterias. Para se ter uma ideia, a renda da estreia de Pedernera contra o Atlético Nacional foi de 17 mil dólares. Em seguida, chegaram ao país o próprio Di Stefano, Nestor Rossi e o brasileiro Heleno de Freitas. O período chamado *El Dorado* por seus defensores e Liga Pirata pelos detratores durou até 1953, ano em que a Fifa ameaçou a seleção colombiana de desfiliação caso a liga pirata não "devolvesse" os jogadores aos clubes que detinham seus passes. Com tal ameaça ao futebol nacional, a Dimayor sucumbiu. Esse período foi o auge de um dos mais tradicionais clubes do país, o

Millonarios de Bogotá. Apelidado de "Balé Azul", o time excursionou pelo mundo chegando a vencer o Real Madrid na Espanha por 4 a 2. Com o fim do *El Dorado*, no entanto, o clube voltou a ser uma força local e, apesar de possuir catorze títulos nacionais, suas maiores conquistas ocorreram entre as décadas de 1950 e 1970.

Com o fim da "Liga Pirata", a Colômbia pôde voltar às competições internacionais e finalmente se classificou para sua primeira Copa em 1962, no Chile, onde caiu na primeira fase. Demorou 28 anos para voltar à Copa, mas valeu a pena. O curioso é que, nos anos 1990, a seleção colombiana nada ganhou, seu melhor resultado foi um décimo quarto lugar na Copa da Itália, mas, mesmo assim, a equipe se tornou imortal na memória dos amantes do futebol. A geração de Valderrama e seu icônico cabelo, de Freddy Rincón que anos mais tarde brilharia no Corinthians, de René Higuita e sua "defesa do escorpião" e do irreverente Faustino Asprilla marcou época. Até 1989, a Colômbia era algo como a sétima força entre as nove seleções sul-americanas. Mas na Copa da Itália em 1990 fez um papel digno e poderia ter ido ainda mais longe se fosse uma seleção mais disciplinada. Ocorreu que, muitas vezes, a seleção jogava de forma displicente. O célebre erro de Higuita contra Camarões é apenas um exemplo entre vários, mostrando que a seleção colombiana parecia não levar muito a sério as competições que disputava. No primeiro jogo, a primeira vitória em Copas: 2 a 0 sobre os Emirados Árabes. Após serem derrotados pela Iugoslávia pela contagem mínima, restava aos colombianos tentar ao menos um empate contra aquela que seria a campeã do torneio: a então Alemanha Ocidental. A partida com os alemães estava empatada sem gols até o penúltimo minuto do segundo tempo, quando Littbarski abriu o placar para os germânicos. Já nos acréscimos, quando tudo parecia perdido, Valderrama coloca Rincón na cara do gol e ele não desperdiça a oportunidade: 1 a 1 e a Colômbia, pela primeira vez, avançava para as oitavas de final de uma Copa do Mundo. Euforia no gramado e em toda a Colômbia. Contudo, nessa fase, os colombianos encerrariam sua participação ao serem eliminados pela seleção camaronesa por 2 a 1, após uma falha grotesca do goleiro René Higuita, que tentou sair jogando e perdeu a bola para o veterano camaronês Roger Milla.

Essa geração de jogadores amadureceu e chegaria a Copa do Mundo de 1994 com grandes expectativas, especialmente após Pelé apontá-la como uma das favoritas ao título e golear a Argentina por 5 a 0 nas Eliminatórias em Buenos Aires, uma façanha lembrada até hoje. A espinha dorsal daquele time nasceu no Atlético Nacional de Medellín, que cedeu nove jogadores e eram treinados por Francisco Maturana desde 1987. Portanto, um time entrosado, afiado e ofensivo.

Durante a preparação para a Copa dos EUA, a seleção chegou a visitar Pablo Escobar em La Catedral, a prisão de fachada que *El Patrón* havia construído para si mesmo (ver capítulo "Narcotráfico"), para uma partida de futebol com o próprio Escobar e outros bandidos. Em junho de 1993, o goleiro René Higuita, que se dizia amigo de Pablo, foi preso por tentar intermediar a libertação da filha de um amigo de Escobar que havia sido sequestrada. Tal ato lhe custou seis meses de prisão e acabou tirando-o da Copa do Mundo no ano seguinte. Assim, foi uma seleção que, ao mesmo tempo em que jogava um futebol bonito e buscava ser a embaixadora de uma nova imagem para o país, se contradizia sendo um reflexo de como o narcotráfico estava entranhado na sociedade colombiana.

Na estreia na Copa dos EUA, uma derrota para a Romênia por 3 a 1. Apesar de ter sido um jogo normal, onde os romenos foram simplesmente superiores, o resultado sobre o psicológico da equipe foi devastador. A equipe passou da euforia à depressão. No dia 22 de junho de 1994, a Colômbia enfrentaria os donos da casa, os EUA. A imensa colônia colombiana lotou o estádio Rose Bowl, em Pasadena, na esperança de uma reação. O que viram foi, como diria Gabriel García Márquez, a "crônica de uma morte anunciada". Aos 35 minutos do primeiro tempo, o meia John Harkes cruza a bola na área e Andrés Escobar, ao tentar interceptá-la, acaba marcando um gol contra. Naquele momento em Medellín, o sobrinho de Escobar teria dito à sua mãe, a irmã de Andrés, Maria Esther Escobar: "Mãe, vão matá-lo!".

Andrés Escobar era conhecido por ser um jogador muito técnico e habilidoso e bastante reservado na vida pessoal, ao contrário de muitos de seus midiáticos companheiros. Mesmo assim, já era um dos maiores ídolos da história do Atlético Nacional de Medellín. Consta que Escobar caiu em profunda depressão e jamais quis ver o vídeo do lance.

Apesar de ter sido muito disseminada a versão de que o jogador fora morto por apostadores furiosos com o decepcionante resultado da seleção colombiana na Copa, a história verdadeira é outra. Na noite de 2 de julho de 1994, Andrés Escobar se dirigiu à discoteca Padova em Medellín com o objetivo de tentar se distrair um pouco após a eliminação na Copa. Desde que chegara ao clube noturno, Andrés vinha sendo provocado verbal e fisicamente pelos traficantes Juan Santiago e Pedro David Gallon Henao. Cheios de si, por estarem entre os responsáveis pela morte do narcotraficante Pablo Escobar no ano anterior, os Gallon se sentiam os donos da cidade. Testemunhas relataram que Andrés aguentou calado os mais diversos insultos e provocações e já se dirigia para o seu automóvel quando foi interceptado novamente pelos traficantes. Finalmente tentou dialogar dizendo que obviamente

James Rodríguez, que liderou a melhor campanha colombiana na história das Copas do Mundo. Em 2014, quando o evento foi realizado no Brasil, a Colômbia ficou em quinto lugar e o craque, com 6 gols marcados em 5 partidas, foi o artilheiro desse mundial.

o gol contra fora um acidente. Nova saraivada de insultos a toda a equipe e dessa vez Andrés teria respondido à altura como esperavam os criminosos. Foi a deixa para que o guarda-costas dos bandidos, Humberto Munõz, descarregasse seu revólver sobre o jogador. Munõz foi convencido pelos patrões a assumir totalmente a responsabilidade pelo crime, sendo condenado a 45 anos de prisão, cumprindo apenas 11, e libertado em 2005 por "bom comportamento". Já os mandantes foram condenados a apenas 15 meses de prisão, mas foram libertados poucas semanas depois, após pagarem fiança.

Na Copa do Brasil em 2014, apresentando um futebol bonito e envolvente, com a geração de James Rodríguez (que seria o artilheiro da Copa), Falcao García e Cuadrado, a seleção da Colômbia terminou a Copa num honroso quinto lugar. Nas quartas de final, a Colômbia teria que enfrentar o Brasil e temos aqui um excelente exemplo de como uma mesma partida pode ser vista de maneira completamente distinta dependendo de que lado está o torcedor. Se perguntarmos a um brasileiro sobre aquele jogo, certamente ele dirá que foi uma partida duríssima, e que se recordará basicamente de dois lances: o golaço de David Luiz cobrando falta e a joelhada de Zuñiga nas costas de Neymar que acabou tirando a estrela brasileira daquela Copa. Se perguntar a um colombiano, porém, parece que estamos falando de outro jogo: eles juram até hoje que a Colômbia foi prejudicada pela arbitragem, que teria anulado erroneamente um gol legítimo do capitão Mário Yepes. O fato é que a Colômbia vendeu caro a derrota e saiu aplaudida do Estádio Castelão em Fortaleza a pedido do zagueiro David Luiz num dos mais bonitos gestos de uma Copa que não deixou boas lembranças para o Brasil.

América de Cali

O América de Cali, clube cuja mascote é o próprio diabo, era até a década de 1970 o "patinho feio" da capital do departamento do Valle. Até então, o grande clube da cidade, que se destacava em nível nacional, era o Deportivo Cali. Esse fracasso era atribuído à maldição de um ex-dirigente, Benjamin Urrea, o "Garabato", que na década de 1940 se opunha totalmente ao profissionalismo e à "Liga Pirata". Ao ser voto vencido na reunião dos conselheiros que aprovou a transição para o profissionalismo, Garabato teria dito que o clube até poderia se tornar profissional, mas que jamais seria campeão. A princípio, a maldição foi vista como uma fanfarronice dita no calor do momento. Os anos foram passando. As décadas foram passando. E nada de o América ser campeão. Em 1979, o já idoso Garabato aceitou fazer as pazes com a direção e uma missa foi rezada no estádio Pascual Guerrero para que a maldição fosse exorcizada. E não é que naquele ano finalmente o América foi campeão colombiano?

Na década seguinte, o clube, já financiado pelo Cartel de Cali (dos irmãos narcotraficantes Orejuela), que utilizava a instituição para lavar dinheiro, foi pentacampeã nacional e três vezes seguidas vice-campeã da Libertadores. A decisão de 1987, frente ao Peñarol do Uruguai, foi tão incrível que merece ser contada. Aquela final precisou ser disputada em três partidas, pois cada equipe havia vencido um jogo. A partida-desempate foi disputada em campo neutro no Chile e o América seria beneficiado pelo empate por ter melhor saldo de gols. Nos últimos dez segundos do último minuto, a torcida do América iniciou uma contagem regressiva para o apito final: "Dez, nove, oito, sete, seis...", quando chegou ao "cinco", um gol do atacante uruguaio Diego Aguirre deixou estupefatos jogadores e torcedores colombianos. A cena final mostra jogadores prostrados no chão, como se implorando que a terra os tragasse.

Como se não fosse suficiente, a derrota foi coroada por requintes de crueldade. Na ida para o Chile o avião quebrou e a equipe teve que dormir no aeroporto de Cali. Ao chegar a Santiago, as reservas no hotel haviam sido canceladas devido ao atraso do grupo, e a equipe ficou esperando a partida no saguão do aeroporto mesmo, sem poder descansar. Para os que ficaram em Cali, outro dissabor: um apagão deixou a cidade às escuras no último minuto do jogo. A energia elétrica retornou logo em seguida apenas para pôr atônita toda uma cidade que agora via os uruguaios festejando loucamente enquanto a TV local tentava explicar o inexplicável...

Na Colômbia dos anos 1980, todas as equipes em menor ou maior grau estavam envolvidas com o narcotráfico. Em 1995, o então presidente norte-americano Bill Clinton, após a extradição dos irmãos Orejuela, incluiu o América de Cali numa lista negra de entidades ligadas ao narcotráfico. O clube ficou proibido até de abrir contas bancárias ou de ter patrocinadores. Enquanto durou o embargo, o clube sobreviveu da venda de camisetas, ingressos e direitos de televisão. Apenas em 2013, a instituição foi retirada da Lista Clinton. À essa altura, porém, o clube, afundado em fracassos esportivos e problemas econômicos decorrentes de ações trabalhistas, já amargava a segunda divisão colombiana, onde permaneceria por cinco longos anos.

Atlético Nacional

O Atlético Nacional, ao longo de sua história, mudou de *status*: de "o clube mais odiado" a "o clube mais simpático da América do Sul". Hoje, o Atlético Nacional de Medellín é o maior clube da Colômbia em termos de títulos e de torcida. Foi, contudo, um clube que demorou a engrenar, iniciando sua fulminante ascensão somente a partir dos anos 1990 com dinheiro de Pablo Escobar. Esse narcotraficante pagava aos jogadores altos salários, que eram usados para lavagem de dinheiro e também para manter as principais estrelas no clube, deixando torcida e dirigentes contentes, mas também omissos nessa delicada questão.

Escobar patrocinava o clube com empresas de fachada em troca da renda da bilheteria que lhe proporcionava uma forma fácil de lavar dinheiro. Naquela época, os ingressos eram comprados somente com dinheiro vivo, e assim, era muito fácil maquiar a receita dos estádios. Porém, mais lucrativo ainda era comprar o passe de um jogador por um milhão de dólares e declarar ter pago três ou quatro vezes mais. A lavagem de dinheiro foi a principal razão que levou os *narcos* a se envolverem com futebol, muito mais do que a predileção por um determinado clube. Consta, aliás, que Pablo Escobar seria na verdade torcedor do outro time da cidade, o Deportivo Independiente Medellín, considerado por ele o time dos trabalhadores, do "povão", enquanto o Atlético Nacional seria o clube da elite. Mas Pablo gostava de aparecer e o Nacional lhe pareceu ser uma vitrine melhor para seus planos políticos. Seu apoio ao time atemorizava os árbitros. Álvaro Ortega, por exemplo, foi metralhado a mando de Escobar após uma arbitragem desastrosa em um clássico entre o Nacional (de Pablo) e o América de Cali (patrocinado pelos irmãos Orejuela). Naquela partida, que reunia dois dos grandes bandidos do país, os Orejuela admitiram ter subornado o juiz, que expulsou jogadores do Nacional sem razão aparente, inverteu faltas e marcou pênaltis inexistentes para a equipe de Cali. A sua forma escandalosa de arbitrar a partida não deixou dúvidas de que o juiz estaria "comprado", o que selou seu destino.

Em 2011, o programa *Pura Química*, da ESPN argentina, apresentou como convidado o ex-árbitro argentino Juan Bava, que relatou os momentos de horror que viveu com o trio de arbitragem também argentino escalado para a partida entre Atlético Nacional x Defensor (Uruguai) em Medellín pela semifinal da Libertadores de 1989. Na madrugada anterior ao jogo, seu quarto foi invadido por homens armados com metralhadoras que ameaçaram o trio de morte caso o Nacional não vencesse. Ninguém mais dormiu naquela noite e Bava, que atuaria como bandeirinha na partida, disse ao árbitro: "Se o Nacional não fizer um gol até os 40 minutos do segundo tempo, eu mesmo entro em campo e marco para eles, tenho dois filhos para criar!" Felizmente, tal medida desesperada foi desnecessária e a equipe colombiana goleou a uruguaia por 6 a 0, demonstrando que na verdade não precisava ameaçar ninguém de morte para vencer.

Ilicitudes à parte, não podemos ser injustos com o Nacional de 1989, um dos maiores esquadrões sul-americanos de todos os tempos e tão cem por cento colombianos como um bom café Juan Valdez. Naquele momento, o Nacional resgatava uma tradição histórica de contar somente com jogadores nascidos no país, os chamados "colombianos puros". Até então, apenas equipes brasileiras, argentinas, uruguaias e paraguaias haviam vencido a Libertadores. Os *verdolagas*, como são chamados, chegaram à final contra o Olimpia do Paraguai. Em Assunção: derrota por 2 a 0. O jogo de volta, contudo, não poderia ser em Medellín, pois, na época, o estádio municipal não tinha a capacidade mínima de 40 mil torcedores exigida pela Conmebol, a instituição que administra o futebol sul-americano. A solução encontrada foi jogar em Bogotá, o que parecia ser um obstáculo a mais. Afinal, as duas principais cidades do país alimentam uma rivalidade em quase todos os campos e no futebol não era diferente. No entanto, a torcida *paisa* viajou em massa para Bogotá, fazendo os *verdolagas* se sentirem em casa. Com a bola rolando, a equipe de Medellín devolveu os 2 a 0 e, após uma aparentemente interminável disputa por pênaltis, o Atlético Nacional finalmente se sagrou como o primeiro clube colombiano campeão do mais importante torneio de futebol da América.

Em 1996, o clube se tornaria uma S/A adquirida pela marca de refrigerantes Postobon e, de lá para cá, com grande (e agora legítimo) aporte financeiro se tornaria o maior clube do país. Essa mudança na característica do clube foi coroada em 2016 com a conquista de seu segundo título da Libertadores. Se a primeira conquista foi, apesar de bastante celebrada, sempre colocada em dúvida pelos rivais e por torcedores de outros países devido às ameaças do Cartel de Medellín aos árbitros, a segunda foi insuspeita e marcada por um futebol bonito e ofensivo.

Por ser campeão da Libertadores, o Atlético estava automaticamente na final da Copa Sul-Americana e próximo de se tornar o único clube do continente a vencer as duas competições no mesmo ano, obtendo assim mais de 10 milhões de dólares em premiações. O adversário era a Chapecoense, equipe brasileira de Santa Catarina, um clube em plena ascensão que poucos anos antes estava na quarta divisão do futebol brasileiro e chegava naquele momento à sua primeira final de um torneio internacional. No entanto, no dia 28 de novembro de 2016, o avião que transportava o clube brasileiro caiu perto do município de La Unión (Antioquia), a poucos quilômetros do aeroporto de Medellín, matando 71 pessoas entre jogadores, dirigentes, jornalistas e membros da tripulação.

No dia 5 de dezembro, a pedido do Nacional – que assim abriu mão de uma premiação de 3,6 milhões de dólares –, a Conmebol declarou a Chapecoense campeã da Copa Sul-Americana. Foi um belo gesto de solidariedade à Chapecoense. A diretoria do Atlético declarou que "é o mínimo que podemos fazer, já que, infelizmente, não podemos trazê-los de volta". A história do clube brasileiro pequeno que chegava a uma final internacional pela primeira vez e a forma trágica como aqueles jovens cheios de sonhos desapareceram comoveram a Colômbia. Não se tratou de marketing, pois o Atlético abriu mão de uma taça (importante para o clube e a torcida) e de mais de 3 milhões de dólares, uma fortuna para qualquer equipe sul-americana.

Cinco dias antes, no local e hora onde seria realizada a partida, o Atlético Nacional preparou uma comovente homenagem às vítimas da tragédia. O estádio Atanásio Girardot, com capacidade para 50 mil pessoas, teve que fechar suas portas uma hora antes do previsto tamanha a multidão que se dirigiu ao estádio para a cerimônia.

No dia 16 de dezembro, o governo brasileiro retribuiu as homenagens condecorando 12 cidadãos e autoridades colombianas, entre elas o jovem Johan Ramirez Castro, de 16 anos, morador da região onde caíra o avião e que guiara os socorristas até o local. A cidade de Medellín, representada pelo prefeito Frederico Zuluaga, recebeu a Ordem do Cruzeiro do Sul, a mais alta honraria concedida a estrangeiros no Brasil.

NOVELAS

As telenovelas são o produto cultural mais importante da televisão latino-americana. Na Colômbia, como no Brasil, a influência cultural das telenovelas é enorme (basta ver o batismo de crianças com nomes dos principais personagens, os modismos, as gírias e as roupas copiadas das telas da TV). Na América Latina, as novelas causam acalorados debates na sociedade de uma forma que muitas vezes o telejornal não consegue fazer. Apesar de hoje a TV aberta não mobilizar multidões como fazia anos atrás, tendo sido parcialmente substituída pela internet e pelos serviços de *streaming*, podemos afirmar que suas tramas novelescas ainda são um poderoso símbolo da cultura e mentalidade latino-americana.

Como boa parte dos latino-americanos, os colombianos gostam muito de novelas. Contudo, na Colômbia, seus enredos têm certas especificidades, como os das chamadas "*narconovelas*", tal é a influência da questão do narcotráfico no cotidiano colombiano.

As narconovelas ou Sin tetas no hay paraíso

Como consequência do grande crescimento do narcotráfico na Colômbia, surgiu no início dos anos 2000 o fenômeno da *narconovela*. Seus enredos disseminavam doses maiores ou menores de sexo envolvendo traficantes, prostitutas, mansões, carros de luxo e muita violência – num *mix* do estereótipo *kitsch* colombiano/caribenho/mexicano com o ideal dos arranha-céus espelhados de Miami.

Estudioso do fenômeno, Omar Rincón define a América Latina como uma "sociedade de sobrevivência", onde o trabalho "normal" nunca vai pagar altos salários e o sonho de uma vida luxuosa só parece alcançável na ilegalidade. Evidentemente, Rincón não afirma que os colombianos aprovem o tráfico de drogas e a violência, mas o seu ideal de sucesso (coberturas, carrões, belas mulheres) já foi tão massificado que se tornaram representações coletivas do que significa ser uma pessoa bem-sucedida.

A "estética *narco*" influencia a moda e a música latina de tal forma que hoje já nem se percebe como tal, uma vez que a ostentação de correntes de ouro e carros tornou-se lugar-comum em clipes musicais. A mídia ainda romantiza os capangas, por exemplo, como anti-heróis que vivem acima das regras, que aproveitam a vida ao máximo e que estão dispostos a morrer para deixar algo de valor às suas mães. São essas histórias que encantam escritores e novelistas colombianos. Eles são "o outro" da sociedade, descobertos também pela elite letrada que escreve sobre eles.

Mesmo que publicamente não se aprovasse os meios, sonhava-se com os apartamentos em Miami, os óculos escuros, os jatos particulares, as joias, as piscinas, as festas, mudando inclusive o ideal de beleza. Sem grandes perspectivas de trabalho e estudo nas periferias daquele país, muitas meninas com ambições de ascender socialmente viam como único meio de atingir esse objetivo envolver-se amorosamente com os narcotraficantes, que poderiam rapidamente proporcionar-lhes uma vida de luxo e presentes caros. No entanto, inspirados nas atrizes pornôs norte-americanas, os *traquetos*, como são chamados popularmente os traficantes, tinham como ideal de beleza mulheres de seios avantajados. Como essa característica não é exatamente comum entre as colombianas, o passaporte para uma vida de carros, viagens, bolsas e sapatos de grife passou a ser um par de próteses de silicone.

Uma das novelas mais conhecidas da linha de *narconovelas* é *Sin tetas no hay paraíso*, baseada no livro homônimo de Gustavo Bolívar Moreno e transmitida pela Caracol TV. A obra mostra o impacto da ascensão dos *narcos* na sociedade colombiana pelo ponto de vista feminino. Tal ineditismo mostrou uma faceta da sociedade colombiana pouco abordada e gerou grandes debates no país.

O livro/novela conta a história de uma jovem plenamente convencida de que sem grandes seios não chegaria nunca ao "paraíso" e ficaria para sempre presa ao "inferno" da pobreza. A novela foi um enorme sucesso de público e ganhou versões espanholas e mexicanas com o nome mais comportado de *Sin senos no hay paraíso*.

Um dos motivos do sucesso da novela certamente se deve ao tom tragicômico adotado pelos produtores para contar a triste história de uma menina pobre de 14 anos e virgem que foi violentada por três homens na mesma noite, fez um aborto e ficou à beira da morte (quando foi para a cama com um médico sem escrúpulos que, em troca de sexo, implantou em seus seios próteses já usadas, que acabaram levando a moça a padecer de infecção generalizada). Retrato desolador, mas visto de forma satírica sobre como a entrada no mundo do narcotráfico via prostituição pode ser considerada um "paraíso". Moradora da periferia, a personagem Catalina via suas amigas usando sapatos e perfumes caros, reformando e ampliando as humildes casas de suas famílias e comprando motocicletas. Era claro também que os pais daquelas meninas fingiam acreditar que suas filhas traziam dinheiro para casa trabalhando como manicures ou vendendo minutos de celular no centro da cidade, os já mencionados *minuteros*.

Além da trama central, que é a épica busca de Catalina por suas *tetas* grandes, a novela também tratava de temas constantes na mídia sensacionalista colombiana, como o envolvimento de *narcos* com modelos e atrizes famosas, pagando fortunas por sua companhia. Assim, apesar de caricata, não se pode negar a ressonância de *Sin tetas no hay paraíso* na sociedade colombiana e nos países de língua espanhola de uma forma geral, abrindo espaço para um debate sobre temas muito importantes como a prostituição, o risco de cirurgias plásticas clandestinas, a realidade infectada pelo narcotráfico e o culto ao consumismo selvagem.

Na Colômbia, a novela ainda causou uma enorme polêmica na terra natal da protagonista Catalina, a cidade de Pereira, a 359 quilômetros de Bogotá. Essa cidade é considerada uma das mais prósperas do Eixo Cafeeiro. Contudo, carrega também uma triste fama em relação às suas mulheres. Fundada em 1863 por liberais solteiros, pobres e miscigenados, a cidade foi durante muito tempo o reduto de pessoas que não se sentiam confortáveis na vizinha Manizales, majoritariamente branca e conservadora. Nesse ambiente miscigenado, nasceram mulheres muito belas, logo estereotipadas como extrovertidas e exuberantes. De tais adjetivos para os de "fogosas, sensuais e fáceis" foi um pulo, dado o preconceito com as origens da cidade.

Segundo o historiador colombiano José Danilo Trujillo Arcila, esse mito nasceu quando muitos homens tiveram que sair de Pereira para trabalhar em cidades maiores na indústria de confecções e acabaram deixando suas mulheres, que tiveram que trabalhar e criar os filhos sozinhas. A necessidade fez da pereirana uma mulher forte e independente, o que foi interpretado por setores conservadores do restante do país preconceituosamente como promiscuidade. Pereira ganhou a alcunha de "cidade de mães solteiras". O estereótipo negativo da mulher pereirana foi reproduzido por décadas pelos meios de comunicação, programas humorísticos e pela cultura popular. A situação chegou a tal ponto que a população local foi às ruas em defesa da metade feminina da cidade, e uma campanha promovida por artistas locais com apoio da prefeitura exibiu por um mês no painel eletrônico da fachada do Banco Nacional da cidade 18 frases que generalizam, objetificam e degradam a mulher de Pereira em particular, mas também a mulher colombiana em geral, de modo a alertar contra os estereótipos negativos.

Outras novelas

Nem só de *narconovelas* vive a Colômbia. Produzida em 1994 e exibida no Brasil pela primeira vez pelo SBT em 2001, *Café com aroma de mulher* é um dos maiores êxitos da teledramaturgia colombiana. É importante lembrar que a trama surge num contexto muito delicado para o país, em que as pessoas buscavam um enredo romântico, leve, para escapar, mesmo que por alguns minutos, da rotina de violência.

A trama parece, à primeira vista, mais um clichê: uma bela camponesa que se apaixona por um rico cafeicultor. No entanto, a história, repleta de reviravoltas, falava de lealdade, de amor e da força da mulher em um mundo dominado pelos homens. Suas belas locações levaram a um *boom* do turismo na zona cafeeira do país, especialmente em Manizales, Pereira e Armênia.

Em 1999, foi produzida *Betty, a feia*, considerada pelo *Guinness Book* a novela mais bem-sucedida da história, retransmitida em mais de cem países e dublada em mais de 15 idiomas, como inglês, mandarim, russo, grego e turco. A história da feia, porém inteligente, secretária Betty, que batalha nos bastidores para reerguer a agência de moda na qual trabalha e que tem um romance com seu chefe, chegou a ter uma exitosa versão norte-americana em formato de seriado (*Ugly Betty*) que durou quatro temporadas na TV dos EUA. No Brasil, a novela já foi exibida e reprisada várias vezes desde 2002.

Escobar, el patrón del mal, de 2012, é uma excelente novela colombiana que, como o nome diz, narra a vida de Pablo Escobar. Com uma trama muito bem construída e grandes atuações de Andrés Parra (como o personagem-título), Cecilia Navia e Anderson Ballesteros, a novela reconstrói com riqueza de detalhes a história da Colômbia das últimas décadas. É interessante observar que, se por um lado a novela exalta Rodrigo Lara Bonilla, Guillermo Cano e Luis Carlos Galán como pessoas honradas que tentaram fazer da Colômbia um país melhor e condena Escobar desde o título, exibindo com detalhes toda a sua crueldade, por outro o retrata como uma pessoa que ajuda a todos de seu local de origem, defende sua família, castiga os traidores e premia os leais. Mostra ainda que Escobar, mesmo não tendo estudo, obteve fabulosa riqueza utilizando a esperteza e a intuição *paisa*, representando, assim, a síntese dos valores do machismo latino: dinheiro, família, mulheres e lealdade dos amigos.

Em 2015, a RCN produziu com grande êxito *Lady, a vendedora de rosas*, baseada na história real da "atriz natural" Lady Tabares. "Atores naturais" são atores amadores, com os quais é feito um treinamento mínimo de interpretação para que possam atuar diante das câmeras, geralmente representando a si mesmos. O cineasta Víctor Gaviria, que foi quem levou Lady para o mundo desses atores em seu filme de 1998, acabou se tornando um mestre nessa técnica, realizando projetos nos quais a história apresentada nas telas foi vivida pelo próprio protagonista (ver capítulo "Cinema"). A produção da RCN, que conta com atuações magistrais de Majida Issa, Michelle Orozco, Jeniffer Arenas e Brian Moreno, retrata a história por trás de um dos maiores sucessos do cinema sul-americano, focando na vida trágica dos "atores naturais" antes e após o término das filmagens.

A menina, coproduzida pela Netflix em 2016, narra a história de uma garota levada à força de sua casa para se alistar nas Farc e seu esforço de reintegração à sociedade depois de abandonar a guerrilha, buscando uma nova vida na faculdade de Medicina. O enredo retrata a dificuldade de jovens recrutados ainda na infância por grupos armados de esquerda e de direita de superarem o preconceito e a desconfiança da sociedade quando voltam à vida civil. Exibida às vésperas do histórico acordo de paz assinado entre as Farc e o governo colombiano em 2016, a novela conquistou grande audiência e rendeu um enorme debate sobre a necessidade de reconciliação nacional.

ARTES

A Colômbia tem figuras de destaque mundial na Literatura, nas Artes e no Cinema.

A LITERATURA DE GABRIEL GARCÍA MÁRQUEZ

"Muitos anos depois, diante do pelotão de fuzilamento, o Coronel Aureliano Buendía havia de recordar aquela tarde remota em que seu pai o levou para conhecer o gelo." É essa a abertura de *Cem anos de solidão*, hoje uma obra clássica de Gabriel García Márquez, que leva milhões de leitoras e leitores para dentro da sua Macondo imaginária, como quem apresenta um mundo novo a uma criança. Em Macondo, ele nos defronta com a solidão de Aureliano Buendía, o homem que "perdeu todas as batalhas em que se envolveu" e nos leva a assistir ao funeral da matriarca do povoado, Úrsula Iguarán, depois de ela ter vivido cem anos.

Mas o autor tem também várias outras obras icônicas. García Márquez nos faz acordar com Santiago Nasar às 5h30 da manhã para esperar o barco em que chegava o bispo quando já sabemos que aquela será a crônica de sua morte (em *Crônica de uma morte anunciada*). E nos faz esperar 53 anos, 7 meses e 11 dias ao lado de Florentino Ariza até a volta de Fermina Daza (em *Amor nos tempos do cólera*). E esperamos *con gusto*.

Gabo, como era conhecido em sua terra natal, nasceu em Aracataca, norte da Colômbia, em 6 de março de 1927. Aos 17 anos foi estudar em Zipaquirá, região metropolitana de Bogotá, "uma cidade onde caía uma chuvinha insistente desde o início do século XVI". Pobre, sem familiares na cidade grande e com dificuldades em fazer amizades, Gabo se refugiou nos livros. As duas obras que em suas próprias palavras "o libertaram" foram *Ulisses*, de James Joyce, e *A metamorfose*, de Franz Kafka, pois lhe mostraram que a literatura não precisa se prender ao verossímil e que, assim como qualquer outra arte, não precisa ser cerceada pela realidade. Numa entrevista que concedeu anos depois, Gabo confessou que sentiu uma epifania ao ler a primeira frase d'*A metamorfose* ("Quando certa manhã Gregor Samsa acordou de sonhos intranquilos, encontrou-se em sua cama metamorfoseado num inseto monstruoso") e pensou: "então eu posso fazer isso com as personagens? Criar situações impossíveis?".

Em 1947, García Márquez escreveu seu primeiro conto, "A terceira renúncia", e o enviou ao jornal *El Espectador*, que o publicou quatro dias depois. No dia da publicação, Gabo descobriu que não possuía os cinco centavos necessários para comprar o jornal. Foi quando viu um homem descer de um táxi com um exemplar nas mãos. O escritor estreante se encheu de coragem e lhe pediu o jornal, e assim pôde pela primeira vez ler um conto seu impresso.

Nessa época, Gabo trabalhava como aprendiz no periódico *El Universal*, de Cartagena, e dormia nas ruas, pois o salário mensal mal dava para se manter por uma semana. Certa noite, dormindo na Plaza de Los Mártires, foi atingido por uma chuva torrencial que ocasionou um complicado quadro de pneumonia. Esse episódio terá uma influência muito grande na carreira de Gabo. Muito doente, o escritor iniciante resolveu retornar à casa dos pais para se recuperar. Acamado e sem ter mais o que fazer na pequena Aracataca, retomou o hábito de escrever e, nesse período, produziu *La casa*, que seria o embrião de *Cem anos de solidão*, sua obra mais conhecida.

Tão surpreendente quanto o enredo de *Cem anos* é o sucesso do livro. A história das sete gerações da família Buendía, que muitos leem anotando os nomes para não trocar os personagens, é das mais extravagantes epopeias modernas. É a obra máxima do que se convencionou chamar de *realismo mágico*, a literatura latino-americana por excelência na qual o irreal ou inusitado é mostrado como cotidiano, o tempo é mais cíclico do que linear e a prosa se mistura com a poesia. Os personagens de Gabo são tipicamente colombianos – tão vinculados às tragédias e aos traumas das guerras civis e das disputas entre "liberais" e "conservadores" – que seria difícil de imaginar que interessassem tanto a outros povos. Mas são personagens universais e leitores do mundo todo se apaixonaram por eles.

A primeira edição de *Cem anos de solidão* (1967) teve 8 mil exemplares e se esgotou na primeira semana. Na época, o sucesso surpreendeu, já que seus livros anteriores tinham vendido em média mil cópias cada. Dali por diante uma nova edição era encomendada a cada semana, chegando a meio milhão de cópias em três anos. *Cem anos de solidão* já vendeu cerca de 50 milhões de cópias e foi traduzido para 40 idiomas.

Em 1982, García Márquez foi agraciado com o prêmio Nobel de Literatura. Seu discurso, intitulado "A solidão da América Latina", é um dos mais memoráveis

 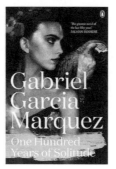 

Uma das maiores obras da literatura mundial, *Cem anos de solidão* alcançou sucesso de crítica e público em todo os cantos do globo, sendo um dos ícones de um gênero tipicamente latino-americano, o chamado realismo fantástico.

do evento de entrega do prêmio e consiste numa dura crítica ao que considerava a impaciência dos países desenvolvidos em compreender os problemas históricos da América Latina e sua dificuldade em dar à região o tempo necessário para se desenvolver de acordo com suas próprias características: "A América Latina não quer, nem tem qualquer razão para querer, ser massa de manobra sem vontade própria; nem é meramente um pensamento desejoso que sua busca por independência e originalidade deva se tornar uma aspiração do Ocidente".

Gabo ganhou seu lugar no panteão da literatura latino-americana com *Cem anos de solidão*, mas produziu outras obras-primas com a mesma fertilidade com que criava personagens. O próprio escritor considera *Amor nos tempos do cólera* o seu melhor livro, a história do relacionamento por correspondência do telegrafista, violinista e poeta (as mesmas ocupações do pai do autor) Florentino Ariza e a donzela Firmina Daza. É a narrativa do amor impossível caso Romeu e Julieta vivessem até a velhice. "Mas se alguma coisa haviam aprendido juntos era que a sabedoria nos chega quando já não serve de nada."

Fazendo eco com pessoas de todo o mundo, muitos colombianos consideram Gabriel García Márquez um tesouro nacional, um exemplo vivo da criatividade colombiana. Porém, nem mesmo Gabo é unanimidade em sua terra natal. Muitos críticos, e especialmente outros autores, pensam (e com uma boa dose de razão) que a fama mundial do autor ofusca a obra de escritores extraordinários que não tiveram o mesmo reconhecimento. Um exemplo claro do desdém com que alguns críticos colombianos tratam o autor está no comumente citado *Manual de História da Colômbia*, em que um capítulo de 89 páginas intitulado "A literatura colombiana no século XX", de autoria de Rafael Girardot, menciona García Márquez apenas uma vez, em uma única frase.

García Márquez foi ainda um jornalista de primeira categoria. Em 1996, retratou o drama das vítimas da guerra dos cartéis em *Notícias de um sequestro*, um clássico do livro-reportagem.

Gabo foi também autor de dezenas de roteiros e um dos criadores da Escola Internacional de Cinema San Antonio de los Baños, em Cuba. Mais de 20 obras suas foram transpostas para o cinema, mas nenhuma chegou perto de conseguir transmitir a magia de seus livros.

Militante de esquerda, Gabo era amigo pessoal de Fidel Castro e, embora tivesse críticas ao comunismo soviético, nunca se posicionou contra o regime de Cuba. Foi muitas vezes atacado por isso, inclusive pelo seu mais conhecido desafeto, o romancista peruano Mario Vargas Llosa. Marxista na juventude e liberal na idade madura, Vargas Llosa representou o polo opositor ao esquerdismo de García Márquez. A inimizade, no entanto, pouco teve a ver com política. Amigos desde 1967, os dois estavam na Cidade do México nove anos depois quando o peruano socou o colombiano em frente a amigos. Os dois romancistas nunca falaram sobre o assunto, num pacto de silêncio que não foi quebrado nem com a morte do colombiano. "É um pacto [a razão do atrito]. Ele respeitou isso até sua morte e vou fazer o mesmo [...] vamos deixar a nossos biógrafos, se merecermos isso, investigar o assunto", declarou Vargas Llosa. Os dois, aliás, foram os últimos escritores latino-americanos a ganhar o prêmio Nobel de Literatura. Gabo em 1982, Vargas Llosa em 2010.

Romântico e espirituoso, Gabriel García Márquez é autor de frases antológicas. Um olhar na internet, no entanto, pode trazer dezenas de frases atribuídas a ele, mas que ele nunca imaginou dizer, por isso segue uma lista de tiradas que o colombiano realmente escreveu ou falou:

> "A vida não é mais do que uma contínua sucessão de oportunidades para sobreviver."
> "A ética deve acompanhar sempre o jornalismo, como o zumbido acompanha o besouro."
> "A sabedoria é algo que quando nos bate à porta já não nos serve para nada."
> "Não passes o tempo com alguém que não esteja disposto a passá-lo contigo."
> "O sexo é o consolo que a gente tem quando o amor não nos alcança."
> "A vida não é o que se viveu, mas sim o que se lembra, e como se lembra de contar isso."
> "O escritor escreve seu livro para tentar explicar a si mesmo o que está além de sua compreensão."
> "A memória do coração elimina o mau e aumenta o bom. Graças a esse artifício, somos capazes de suportar o passado."
> "Todos temos três vidas: a vida pública, a vida privada, e uma vida secreta."

OUTROS AUTORES COLOMBIANOS

Jorge Isaacs (1837-1895) é considerado o maior escritor colombiano do século XIX, mesmo tendo escrito apenas um único romance, *Maria*, e um livro de poemas. *Maria* é uma história de amor clássica, repleta de encontros e desencontros que mais tarde se tornariam clichês folhetinescos. Contudo, o que encanta na obra é a elegante prosa do escritor, cheia de descrições idílicas das *haciendas* colombianas, olhares, segredos e silêncios. Obra obrigatória para estudantes locais e tema de um dos primeiros filmes nacionais, ainda na era do cinema mudo.

Álvaro Mutis (1923-2013), ex-executivo da Standard Oil Company, da Twentieth Century Fox, da Columbia Pictures e da Exon, Mutis certamente não dependia da venda de seus livros para sobreviver. Ainda assim, esse admirador de Hernán Cortez e da Coroa espanhola recebeu em 2001 um prêmio que lhe trouxe enorme satisfação, o Miguel de Cervantes, concedido pelo rei da Espanha aos melhores escritores da língua espanhola. Publicou *A neve do almirante* e *Ilona chega com a chuva*, além de vários outros romances e livros de poesia.

Fernando Vallejo é um escritor de Medellín cuja carreira é marcada pela militância política e pela polêmica. Vivendo no México desde os anos 1970, anunciou em 2007 que renunciava a sua cidadania colombiana em protesto contra a eleição de Álvaro Uribe. Não satisfeito, despejou uma saraivada de insultos a sua terra natal, o que causou enorme revolta entre os colombianos. Abertamente ateu e homossexual, sua obra é quase o oposto da de Gabriel García Márquez, retratando de forma crua a violência e os tipos marginais. Seu livro mais conhecido (e que roteirizou para a adaptação ao cinema) é *La Virgen de los sicarios*, que retrata a violência de Medellín pela ótica dos moradores das periferias, o elo mais frágil dessa cadeia e seu submundo de violência cotidiana. O título se refere à contraditória religiosidade dos matadores, que pedem proteção à Virgem antes de cometer seus crimes. Apesar de descrever uma dura realidade, Vallejo foi amplamente criticado por sua visão elitista e de desprezo aos pobres, chegando a comparar as mães das periferias com ratazanas em sua capacidade de procriar e afirmando que os sicários teriam uma função social, pois seus assassinatos ajudavam a diminuir o problema da superpopulação. Polêmicas à parte, dois de seus livros, *La Virgen de los sicarios* e *El desbarrancadero,* figuram entre os 15 melhores em língua espanhola dos últimos 25 anos segundo uma lista elaborada em 2007 por 81 escritores e críticos latino-americanos.

AS ARTES PLÁSTICAS DE FERNANDO BOTERO

Fernando Botero está para a pintura e a escultura colombianas como Gabo está para a literatura. Botero nasceu em Medellín, no ano de 1932, e há décadas vive entre Nova York e Pietra Santa, cidade italiana a quatrocentos quilômetros de Roma, famosa por seu mármore e suas fundições. Seu estilo absolutamente inconfundível faz desse colombiano um dos maiores pintores e escultores da atualidade.

Mesmo sendo hoje um artista cosmopolita, Botero produz uma obra indissociável de sua Medellín natal. O pai, David, um caixeiro-viajante, foi um dos temas mais constantes na obra de Botero. Quando o futuro artista tinha apenas 4 anos, David faleceu vítima de um enfarte, o que colocou a família numa dificílima situação econômica. Mais difícil ainda se um dos três filhos homens do patriarca decide se dedicar à arte na provinciana e rústica Medellín da primeira metade do século XX. A família, com exceção da mãe, Flora, se opõe ferozmente, afinal, a atividade de pintor era considerada uma profissão sem futuro algum, ainda mais num momento em que a família precisava de dinheiro. Fernando se mantém firme e, na adolescência, consegue um trabalho como ilustrador do caderno cultural do jornal *El Colombiano*.

Mas Botero quer ser um pintor e não um desenhista e, aos 17 anos, ruma para a capital, onde, inspirado em Gauguin e nas fases rosa e azul de Picasso, realiza suas primeiras exposições. Ainda tateando, e em busca de um estilo próprio, o artista não obtém a princípio muito sucesso, mas com o pouco dinheiro que arrecada, compra

Artes | 97

Plaza Botero, Medellín – as obras doadas pelo artista Fernando Botero, ícone universal de arte e orgulho colombiano, criaram um museu ao ar livre em pleno centro da cidade. O boterismo é um dos estilos mais originais e representativos da arte contemporânea e suas obras podem ser facilmente identificadas em qualquer lugar do mundo.

uma passagem na terceira classe de um navio rumo a Barcelona. Na contramão de sua geração, fascinada pela arte abstrata parisiense, Botero fica na Espanha e se matricula na Escola de Belas Artes de São Fernando em Madri para aprender arte renascentista e barroca, que já era considerada página virada nos grandes centros. Copiando incansavelmente os grandes mestres, vai aperfeiçoando a sua técnica. De Madri vai a Florença, onde mergulha ainda mais nos clássicos, e é ali que começa a firmar o estilo pelo qual será conhecido, ou seja, as formas arredondadas, exageradas e monumentais.

Após uma exposição breve em sua Colômbia natal, onde sua arte não é bem aceita, vai para o México com sua primeira esposa, Gloria Zea. Lá ocorre a transformação definitiva. Seu encanto pela cultura olmeca e suas esculturas monumentais fez com que Botero passasse a retratar pessoas e objetos de forma cada vez mais desproporcional. Ali nasce algo que é fundamental a qualquer artista: uma assinatura, algo que o torna imediatamente reconhecível.

Seu próximo passo é os EUA, para onde viaja em 1960. Sua esposa, Gloria, porém, com quem já tinha três filhos (Fernando, Lina e Juan Carlos), não quer acompanhá-lo e o divórcio acaba sendo inevitável. A recepção em Nova York não poderia ter sido pior. Afinal, a moda é a *pop art* de Andy Warhol. O tratamento mais leve utilizado pelo *New York Times* em relação às obras de Botero é chamá-las de caricaturas; alguns críticos chegaram a definir seus personagens como "um monumento à estupidez", ou ainda, "um cruzamento entre Mussolini e alguma camponesa retardada". Em situação financeira lastimável, Botero passa a vender seus quadros por preços ridículos para poder alimentar seus filhos, e, às vezes, suas refeições são as chamadas "sopas de pintor", uma alimentação gratuita distribuída nas ruas de Nova York, tristemente popular entre os muitos artistas sem dinheiro que tentam "fazer a América".

Neste momento o leitor pode se perguntar: "ok, mas então quando é que Botero se torna Botero? Quando é que seus 'gordinhos' se tornam ícones pop?" Tudo começa quando o austríaco Joachim Aberbach, proprietário da Fine Art Gallery e admirador do colombiano, o apresenta a Pierre Levy, diretor de uma das mais prestigiosas galerias de arte do mundo, a Marlborough. Como o universo da arte é bastante volúvel e vive tanto de novidades quanto de *revivals*, os mesmos críticos que anos antes escarneciam de suas obras, agora passaram a exaltá-las.

Tudo parecia estar se encaminhando na vida do artista: Botero se casara novamente, agora com Cecilia Zambrano com quem teria seu quarto filho,

Pedro, sua condição financeira havia se estabilizado e ele sentia uma ansiedade artística de ir além da pintura. No início dos anos 1970 começa a se aventurar em uma arte que o faria igualmente célebre: a escultura. No entanto, uma tragédia mudaria sua vida para sempre: em 1974, passando férias na Espanha, a família Botero sofre um terrível acidente automobilístico na qual morre o pequeno Pedro, de apenas 4 anos. A depressão do casal pela perda leva a mais uma separação na vida de Fernando.

É a partir do seu terceiro casamento com a destacada pintora e escultora grega Sophia Vari que seu nome se torna mundialmente reconhecido. Em 1979, o artista faz uma grande exposição no prestigioso Hirshhorn Museum, de Washington, na primeira vez em que expõe em um museu e não em uma galeria. Depois disso, suas obras passam a ser expostas permanentemente em países como Bélgica, Suécia, EUA, Alemanha, Áustria e Japão. Nos anos 1980, ele se dedica com afinco à escultura e, na década seguinte, finalmente sente o gosto da consagração mundial. Em 1992, recebe a proposta inédita até então para qualquer artista de expor 32 de suas obras ao ar livre, na avenida Champs-Élysées, em Paris. Dois anos depois, a exposição se repetiria em outra das mais famosas avenidas do mundo, a Park Avenue, em Nova York. Nos anos seguintes, as esculturas de Botero fariam companhia às pessoas que caminhassem pelas ruas de Los Angeles, Washington, Santiago, Buenos Aires e Rio de Janeiro.

Porém, nem tudo são flores. Em 1995, o filho de Botero, Fernando Botero Zea, então ministro da Defesa no governo de Ernesto Zamper, foi preso acusado de ter conhecimento de que a campanha do presidente fora financiada pelo Cartel de Cali, cumprindo dois anos e meio de detenção.

Ainda na década de 1980, o Departamento de Narcóticos da Colômbia confiscou cerca de 20 mil obras de arte pertencentes aos principais traficantes de drogas do país, que compravam, entre outras, obras de Botero a preços exorbitantes no intuito de lavar dinheiro. Fernando Botero era o favorito dos *narcos* por dois motivos: primeiro, era colombiano e a temática de suas obras remetia à vida simples no interior do país, de onde haviam vindo muitos traficantes que assim se sentiam identificados com as obras. O segundo motivo era o caráter do valor de uma obra de arte; no limite, pode-se declarar qualquer valor pela compra de uma tela ou escultura. (Outros setores, como o imobiliário e pecuário, também são muito utilizados para lavar dinheiro, mas o mercado de obras de arte é menos regulado, e por muito tempo foi menos visado pelas autoridades. Em tese, um comprador pode pagar o preço que quiser por uma tela e assim, para a lavagem de dinheiro, o céu é o limite.)

Esse episódio envolvendo o filho do artista, no entanto, em nada manchou a reputação do pintor. Botero segue sendo motivo de enorme orgulho nacional. Suas esculturas, espalhadas pela praça que leva seu nome bem no centro de Medellín, mesmo sendo hoje uma região um tanto decadente da cidade, jamais sofrem a ação de vândalos. Botero é o filho mais querido de Medellín e um dos mais queridos da Colômbia. Logo em frente à praça das Esculturas pode-se visitar o Museu de Antioquia com enorme acervo do artista. Na capital Bogotá, dezenas de quadros de Fernando Botero são expostos na companhia de Renoir, Monet, Picasso e Miró.

HÁ CINEMA DE QUALIDADE NA COLÔMBIA

O cinema colombiano não tem o mesmo prestígio do cinema argentino atual e, assim como o cinema brasileiro, sofreu muito com fracas bilheterias em seu próprio país. Evidentemente, isso não significa que não possamos encontrar filmes de qualidade artística feitos por colombianos. Mas antes de comentarmos alguns filmes que valem a pena conhecer, vamos falar um pouco de História.

A primeira sala de cinema na Colômbia foi inaugurada em 1912. Já em 1915, foi produzido o primeiro filme nacional, *Quince de octubre*. A película trata do assassinato do general Rafael Victor Uribe Uribe (o sobrenome dele é grafado duas vezes em seguida mesmo, não é um erro), um dos grandes líderes liberais durante a Guerra dos Mil Dias, que havia sido assassinado em frente ao Congresso no ano anterior. Esse filme quase causou o fim da incipiente indústria local, pois parece que não conseguiu agradar ninguém. Os conservadores odiavam Uribe e não queriam que fosse realizado um filme sobre ele. Já os liberais acharam ser de extremo mal gosto a inserção de fotos reais do cadáver do líder e da participação dos assassinos verdadeiros na reconstituição da cena. Por fim, a Suprema Corte do país ordenou o recolhimento e destruição de todas as cópias.

Somente sete anos depois, os colombianos se arriscariam em um novo filme: *María*, baseado na obra homônima de Jorge Isaacs. Dos 180 minutos do épico, infelizmente apenas 25 segundos se encontram preservados. Na época havia duas produtoras no país, a Acevedo y Hijos e a Hermanos Domenico. A primeira foi responsável pela produção de *Bajo el cielo antioqueño*, um filme patrocinado por um magnata de Medellín para exaltar a aristocracia da sua região e que acabou obtendo inesperada aceitação do público. Já *Garras de oro*, de 1926, é também um filme histórico, pois retrata todo o ressentimento colombiano em relação aos EUA e o apoio deste país à separação do Panamá.

Com o fim do cinema mudo, a indústria local começou a passar por dificuldades técnicas de produção e financeiras para competir com as produções norte-americanas, que rendiam no país bilheterias incomparavelmente maiores.

Apenas na década de 1940, o cinema nacional voltaria a respirar graças à Ley del cine, de 1942, que estabeleceu isenções fiscais aos estúdios colombianos para fomentar a produção. No entanto, de nada adiantavam as isenções se não havia gente disposta a investir. A produtora Hermanos Domenico fora adquirida por um grupo chamado Cine Colombia, que a transformou numa mera importadora de filmes norte-americanos, recebendo os lucros das bilheterias e fazendo da indústria colombiana um cenário de terra arrasada.

Na década de 1970, contudo, a produção foi retomada, mas teve escasso sucesso comercial. É a era da "*pornomiseria*", como era chamada pejorativamente pelos críticos. Filmes intelectualizados que escancaravam as mazelas do país, mas sem se preocupar com a construção de espaços, tempos e personagens, acabavam sendo verdadeiros tratados de antropologia em forma de cinema. O grande símbolo dessa era é *Gamin*, filme de 1978, dirigido por Ciro Durán.

Assim como no Brasil, o cinema colombiano aproximou-se do público nos anos 1990, renascendo com *La estrategia del caracol*, de Sergio Cabrera. Em Medellín, despontou o genial Víctor Gaviria, diretor de *Rodrigo D. no futuro* (1990) e *La vendedora de rosas* (1998), obras que fizeram dele um dos mais prestigiados diretores da América Latina.

Em 2003, uma nova lei de fomento se mostrou mais efetiva, levando dezenas de projetos a serem aprovados e fazendo com que o cinema colombiano desse um salto de qualidade com filmes como *Terra e sombra* (2015) e *O abraço da serpente* (indicado ao Oscar de melhor filme estrangeiro em 2015).

A despretensiosa lista a seguir não tem a intenção de apontar quais são os melhores filmes colombianos de todos os tempos ou algo assim, mas os mais significativos, seja por terem representado algum tipo de marco no cinema daquele país, seja por aclamação da crítica ou por ter obtido reconhecimento internacional graças ao talento de atores e diretores. Mantive o título original para filmes que não foram lançados no Brasil.

Maria cheia de graça, 2004 (*María, llena eres de gracia*)

Coprodução EUA-Colômbia. Direção e roteiro: Joshua Marston. Elenco: Catalina Sandino Moreno, Yenni Paola Veja, Guilled Lopez.
Prêmios: Indicação ao Oscar de Melhor Atriz para Catalina Sandino Moreno
Melhor atriz no Festival de Berlim (Urso de Prata) para Catalina Sandino Moreno
Melhor filme por escolha do público no Festival de Sundance
Prêmio Nova Geração da Associação dos Críticos de Los Angeles
Melhor filme (crítica e público) no Festival de Deauville
Melhor atriz revelação para Catalina Sandino Moreno da Associação dos Críticos de Chicago

O *slogan* promocional do filme – "Baseado em milhares de histórias reais" – já diz muita coisa sobre esta obra e sobre a realidade de muitos colombianos. O enredo conta a história de Maria, uma garota simples que vive numa cidade pequena na Antioquia e trabalha numa distribuidora de rosas, onde executa o repetitivo e mal pago trabalho de retirar seus espinhos. Sem perspectivas de melhorar de vida e grávida de um rapaz que não ama, acaba aceitando a proposta de levar em seu estômago 62 cápsulas de cocaína para Nova York.

Se estivéssemos falando de um filme convencional, Maria seria pega no aeroporto norte-americano e a trama giraria em torno das agruras que ela passaria na prisão. Mas o diretor Joshua Marston foge do óbvio e vai muito além, expondo o caminho que percorre as drogas do estômago das "mulas" (nome dado à pessoa que carrega drogas escondidas em roupas, bagagens ou mais comumente no estômago para contrabandeá-las) até o consumidor final e retratando a numerosa comunidade colombiana do Queens. *Maria cheia de graça* tem como um de seus principais méritos mostrar uma história que se repete todos os dias de uma forma realista, sem melodramas ou julgamentos. A atuação de Catalina Sandino Moreno a levou a ganhar o Urso de Prata de melhor atriz no Festival de Berlim. Chama a atenção também a analogia religiosa do título e do pôster do filme em que Maria está olhando para cima e prestes a engolir uma cápsula da droga como se fosse uma hóstia, como se fosse receber o sacramento da comunhão do ritual católico; no ventre, ao invés do Filho de Deus, carregará a droga.

La vendedora de rosas (1998)

Direção: Víctor Gaviria. Roteiro: Víctor Gaviria, Carlos Henao e Diana Ospina. Elenco: Lady Tabares, Marta Correa, Milleider Gil, Diana Murillo e Geovanny Queiroz.
Prêmios: Indicação à Palma de Ouro no Festival de Cannes
Indicação ao Prêmio Ariel de Melhor Filme Iberoamericano
Prêmio de Melhor Atriz para Lady Tabares no Festival Internacional de Cinema de Bratislava
Prêmios de Melhor Diretor, Atriz e Filme no Festival de Viña del Mar

Um soco no estômago. É assim que defino a sensação de assistir ao experimento do diretor Víctor Gaviria pela primeira vez. Sim, experimento, pois Gaviria não utilizou atores profissionais neste filme. Todos os atores são moradores de Ciudad Bolívar, uma das mais violentas comunas de Medellín.

Na véspera de um Natal qualquer da década de 1980, a câmera acompanha um grupo de crianças de rua no centro da cidade. Umas vendem rosas – como Monica, a protagonista, interpretada por Lady Tabares –, outros usam drogas ou cometem pequenos roubos. O filme retrata com extrema crueza pré-adolescentes descobrindo a sexualidade, agindo com violência e falando palavrões, mas, paradoxalmente, mostra sua busca, muitas vezes infrutífera, pelo amor dos pais em lares desfeitos e a carência afetiva que acaba sendo compensada pelos amigos da rua. Com um fiapo de roteiro, mas uma visão sensível e humana, o diretor nos transporta a uma realidade brutal, que prende o espectador e faz com que, uma vez que nos acostumemos com a narrativa quase documental, passemos a nos importar com os atores (e não personagens), já que com exceção de Lady, praticamente todos os demais estão interpretando a si próprios. O final, inspirado no conto "A pequena vendedora de fósforos", de Hans Christian Andersen, é de derreter corações de gelo. Pouco conhecido no Brasil, é um marco do cinema latino-americano e concorreu ao prêmio de melhor filme no Festival de Cannes – não venceu, mas foi aplaudido de pé –; e venceu o Festival de Cinema de Cartagena.

Infelizmente, contudo, o sucesso do filme não mudou a vida dos participantes: hoje quase todos os "atores naturais" estão mortos ou vivem na pobreza. O destino de Lady não foi melhor: mesmo com dois prêmios de melhor atriz (nos Festivais de Bratislava e Viña Del Mar), após um ano, ela voltou a vender rosas nas ruas de Medellín. Em 2002, foi acusada de cumplicidade no assassinato de um taxista. Condenada a 26 anos de prisão, desde 2014 vive em prisão domiciliar.

Soñar no cuesta nada (2006)

Coprodução Colômbia-Argentina. Diretor: Rodrigo Triana. Roteiro: Jorge Hiller. Elenco: Diego Cadavid, Verónica Orozco, Manuel José Chávez e Juan Sebastián Aragón.

Baseada num fato ocorrido em 2003, esta coprodução argentino-colombiana conta a história de um pelotão do Exército colombiano que encontra milhões de dólares enterrados na selva, próximo a um acampamento das Farc. Num filme realizado por um país desenvolvido, certamente a trama giraria em torno do dilema ético de se ficar ou não com aquele dinheiro. Num país em desenvolvimento, repleto de oficiais e políticos corruptos, a ideia de entregar o dinheiro para os oficiais que certamente o embolsariam parece simplesmente estúpida, e logo a trama se concentra nas mudanças que o dinheiro fácil e abundante traz nas relações entre os colegas de farda. Apesar de o enredo parecer levar a questões existenciais, o filme é leve, beirando o tragicômico e possuindo grande valor de entretenimento.

La estrategia del caracol (1993)

Diretor: Sergio Cabrera. Roteiro: Humberto Dorado, Jorge Goldenberg, Frank Ramírez e Ramón Jimeno. Elenco: Frank Ramírez, Fausto Cabrera, Victor Mallarino, Salvatore Basile, Carlos Vives e Gustavo Angarita.

Prêmios: Melhor Filme no Festival de Valladolid
  Melhor Diretor, Música e Design de Produção no Festival de Havana
  Melhor Filme no Festival de Cinema Latinoamericano de Huelva

Em um bairro pobre de Bogotá, o proprietário de um edifício entra com uma ação de despejo contra os moradores que alegam posse por usucapião. Após várias tentativas infrutíferas de impedir a reintegração e sem terem para onde ir, os moradores, um grupo absolutamente diverso de pessoas que reúne, entre outros, um travesti, um anarquista espanhol e uma beata, se unem na adversidade e resolvem com muita engenhosidade empreender a "estratégia do caracol" (do título) para manter suas moradias. *La estrategia*

del caracol traz uma crítica social fortíssima, escancarando "a injustiça da Justiça", como diz o advogado dos inquilinos, a ação da burocracia e o funcionamento da corrupção.

O filme, contudo, é diferente das demais obras do cinema colombiano por diversos fatores. Primeiro, pela universalidade do enredo: a história, praticamente despida de menções à cidade onde se passa e ao contexto político, poderia ocorrer em Hamburgo, Marselha ou Madri. Segundo, é um dos poucos filmes colombianos sem menções ao narcotráfico. Terceiro, o estilo adotado pelo diretor Sergio Cabrera se assemelha muito ao cinema europeu em ritmo, fotografia e atuações. E quarto, o tom de fábula: o edifício Uribe é praticamente uma homenagem a Macondo (lembrando que Gabriel García Márquez foi um dos principais incentivadores de Cabrera, obtendo junto ao Ministério da Cultura da França o financiamento que lhe faltava). Fazendo parecer verossímil o absurdo, Cabrera nos conta uma história em que a solidariedade e a engenhosidade podem fazer com que se alcance o impossível.

O abraço da serpente, 2015 (*El abrazo de la serpiente*)

Diretor: Ciro Guerra. Roteiro: Jacques Toulemonde e Ciro Guerra. Elenco: Nilbio Torres, Antonio Bolívar, Jan Bijvoet, Brionne Davis, Yauenku Migue.

Prêmios: Indicado ao Oscar de Melhor Filme Estrangeiro
Melhor Filme de Arte no Festival de Cannes
Melhor Filme no Festival de Mar del Plata
Prêmio Ariel de Melhor Filme Iberoamericano
Melhor Filme no Festival de Lima

Grandiosidade. Esta é uma palavra que define bem *O abraço da serpente*, que narra a jornada dos antropólogos Theodor Koch-Grunberg e Richard Evans Schultes às entranhas da Amazônia em dois momentos históricos distintos: 1909 e 1940. Durante muito tempo, Grunberg foi a única referência para o estudo dos nativos dos rios Negro, Xingu e Orinoco. O filme narra a épica busca de Grunberg pela *yakruna*, uma planta que seria a cura de várias doenças e a viagem de Schultes quatro décadas depois para reconstituir os passos do mestre tendo como guia o mesmo índio que conduziu Grunberg, Karamakate. Aliás, este é um ponto importante na compreensão do filme: o diretor Ciro Guerra não procura explicar as constantes idas e vindas no tempo e no espaço com legendas e muito menos usa o artifício de pôr na boca dos personagens falas que auxiliem o espectador. É necessária muita atenção aos detalhes para poder desfrutar de uma experiência envolvente. Somos convidados a assistir a uma reconstituição da Amazônia da época dos grandes exploradores, com as missões jesuítas e seus impactos sobre os nativos e diálogos em que se contrapõe o racionalismo ocidental e o modo de ver o mundo de Karamakate.

FAMÍLIA, MULHERES, JOVENS E GAYS

Os colombianos gostam de se definir em termos de grupos: sociais, regionais ou familiares. São seres gregários e, raramente, individualistas. Aliás, o sentimento de que "o núcleo familiar é o que há de mais sagrado na sociedade colombiana" é muito forte e está impregnado no dia a dia do país. É comum se escutar, no rádio e na TV, comentários que aludem ao final de semana como dias muito aguardados por permitirem passar mais tempo com a família. Nos supermercados, tudo é vendido em tamanho-família, sendo raríssimo encontrar embalagens de qualquer produto em tamanho individual. Mesmo para quem vem de um país latino como o Brasil, onde os laços familiares ainda são muito fortes, nada se compara com o poder da instituição familiar na Colômbia. Na mais ampla pesquisa realizada até hoje no país sobre os hábitos e a estrutura das famílias colombianas, publicada em 2012, percebe-se uma sociedade em plena transição e choque entre o tempo acelerado da tecnologia e das redes sociais e a prevalência dos valores tradicionais. Para os colombianos, o conceito de "família" se baseia, sobretudo, no amor, nos laços de afeto e não no "sangue", no sobrenome.

Contudo, o casamento oficial é considerado "fora de moda" por cerca de 30% dos colombianos e hoje é muito comum que casais vivam juntos sem terem realizado uma cerimônia civil ou religiosa para legitimá-lo perante a sociedade.

Recentemente, o tamanho da família colombiana diminuiu e, diferentemente dos anos 1970, onde era comum que um casal tivesse cinco filhos ou mais, hoje a média são dois filhos, e assim um lar colombiano abriga em média quatro pessoas.

Além disso, a antiga tradição colombiana das "famílias estendidas" (aquelas em que avós, filhos e netos moram juntos na mesma casa) está caindo em desuso. Ainda assim, continuamos encontrando no país lares em que gerações inteiras de avós, pais, filhos e netos vivem sob o mesmo teto e só se espera que alguém saia quando se case. É muito raro que um jovem saia de casa para viver sozinho na Colômbia. Isso ocorre tanto por razões culturais, quanto por motivos econômicos, como a dificuldades de os jovens-adultos se manterem sem a ajuda da família. E com o custo cada vez mais alto para se constituir uma família, o casamento tem ocorrido cada vez mais tarde. Hoje, não é difícil encontrar marmanjos com mais de 25 anos de idade vivendo com os pais. Eles simplesmente não veem sentido em abrir mão de casa, comida e roupa lavada em troca da liberdade de morar sozinhos.

Os colombianos em geral fazem questão de manter contato com os parentes e estar próximos de todos os ramos da família. Entre aqueles que têm os pais vivos, apenas 13% afirmam não ter mais contato com eles. A maioria absoluta os vê no mínimo aos finais de semana, quando não todos os dias, pois geralmente os filhos, quando se casam, buscam um lar próximo da casa dos pais. Ainda é muito comum que os avós cuidem dos netos enquanto os pais das crianças trabalham. A propósito, o respeito aos mais velhos é algo muito valorizado na Colômbia. Ao conversar com uma pessoa de idade no país não hesite em usar o *señor* ou *señora*. Quando a pessoa de idade não estiver presente, refira-se a ela como *Don* ou *Dueña* e depois use o sobrenome da pessoa. Não usar uma linguagem formal em relação aos mais velhos é considerado extremamente grosseiro.

Dentro de casa, a cooperação nas tarefas do lar também é um costume muito forte. Apenas 9% dos filhos admitem não ajudar em nada. Num lar colombiano típico, um lava, outro cozinha, um terceiro vai fazer as compras para o almoço e exige-se que os filhos arrumem seus quartos. Ainda segundo a pesquisa de 2012, "o lar é um ninho de felicidade para os colombianos". A maioria dos entrevistados afirmou que sua maior alegria é brincar com os filhos, almoçar em família ou o simples ato de chegar em casa após um dia exaustivo. Também em relação aos filhos, os colombianos dizem conversar com eles pelo menos meia hora por dia, especialmente sobre o andamento dos estudos. Mais da metade dos pais (56%) admitem já terem batido nos filhos e nada menos que 83% se dizem de acordo com a afirmação que "uma palmada ocasional é benéfica à educação dos filhos".

As reuniões familiares são frequentes e o colombiano sempre dará preferência a um almoço de domingo com os parentes a sair com os amigos nesse dia. Na Colômbia, aprendi a usar as expressões "*mamá*" e "*papá*" sem medo de parecer infantil quando me referia aos meus pais. Para eles, as expressões "*madre*" e "*padre*" são demasiado formais e só utilizadas na documentação oficial.

Porém, apesar de toda essa idealização da família colombiana, é grande o número de lares onde o pai não está presente, sobrecarregando as mães com o cuidado e o sustento dos filhos. É também importante ressaltar que, quando o colombiano médio e os meios de comunicação destacam a importância da família, não estão se referindo a um conservadorismo moral, mas sim a uma necessidade de união, de uma relação solidária e humana com seu núcleo mais próximo em que todos se protejam uns aos outros. Passar o máximo de tempo possível junto aos seus se tornou uma forma de resistência pacífica às décadas de extrema violência que marcaram a história do país, no sentido de reforçar a proteção mútua.

Pode-se dizer que a Colômbia é um país de fé, pois nada menos que 96% dos colombianos creem em Deus e 82% frequentam algum culto religioso ao menos uma vez por semana. Mesmo com o avanço das igrejas neopentecostais em toda a América Latina, o país segue sendo um bastião do catolicismo no continente. No entanto, com raras exceções, a ligação do colombiano com Deus tem muito mais a ver com uma relação em que a divindade lhe concede graças em troca de cumprimento de promessas, do que com um estilo de vida regrado e austero, que definitivamente não faz parte da cultura local.

AS COLOMBIANAS

A Constituição de 1886 foi a primeira a fazer referência aos direitos da mulher na Colômbia. Naquele ano, elas obtiveram o direito à livre administração de seus bens, e foi abolido por lei o poder marital sobre a mulher. Contudo, na maioria das vezes, essas leis favoráveis às mulheres não tinham eco no entendimento de juízes, que sempre encontravam brechas e subterfúgios para favorecer o homem. Na verdade, a própria Carta Magna não equiparava a mulher em direitos ao homem, mas sim a tutelava de forma condescendente. Por lei, as mulheres estavam sujeitas à proteção do Estado, mas sem autonomia nem voz ativa para decidirem sozinhas sobre sua vida. Suas opiniões e necessidades não eram levadas em conta.

Em 1930, a Lei n. 20 reforçou que a mulher tinha de fato o direito de administrar seus bens. Três anos depois, as mulheres obtiveram por lei o direito a ingressar no ensino superior. O direito ao voto só veio em 1954, no governo do general Rojas Pinilla.

Em 2017, mais de 16 milhões de colombianas estavam aptas a votar, mas a política do país segue sendo um espaço essencialmente masculino. Mesmo 60 anos após conseguirem o direito ao voto, a participação de mulheres em cargos legislativos ou executivos mal ultrapassa os 20%. Em outros países latino-americanos, como México e Bolívia, a participação feminina nos respectivos Congressos beira os 50%. E por que isso acontece? Segundo o Instituto Holandês de Democracia Pluripartidarista, a desculpa muitas vezes dada por políticos homens de que "as mulheres colombianas não se interessam por política" não faz sentido. O que acontece na verdade é que as mulheres, apesar de participarem na organização de base dos partidos políticos, das manifestações e das campanhas, raramente são eleitas, especialmente para cargos executivos, pois ainda há no país uma concepção muito machista de política institucional.

A Constituição de 1991 vetou qualquer tipo de discriminação fundada no gênero, orientação sexual, etnia ou crença e criou uma lista aberta de direitos fundamentais que seria ampliada de acordo com as mudanças na sociedade. Essa Carta Magna, a primeira desde 1886, estabeleceu também a liberdade de crença, a igualdade de todos perante a lei, o direito de ir e vir, as liberdades de expressão, de trabalho, reunião e manifestação. A Constituição ainda deu às mulheres garantias contra a discriminação no trabalho, proteção durante a gravidez e descriminalizou o aborto nas mesmas circunstâncias permitidas no Brasil: risco de vida para a mãe, estupro ou má-formação congênita. Ainda assim é muito difícil proceder a um aborto no sistema público de saúde, em função da pressão religiosa: é muito comum que a mulher seja desestimulada a fazê-lo sob argumentos religiosos ou que o hospital simplesmente se recuse a realizar o procedimento, mesmo sendo permitido por lei, por objeções pessoais da equipe médica.

Portanto, pelo menos em relação às leis, vagarosamente a Colômbia tem avançado nas questões ligadas às mulheres. O feminicídio foi criminalizado, há maior treinamento para o acolhimento das mulheres nas delegacias e o movimento feminista se consolidou no país. A Colômbia ratificou todos os tratados internacionais vigentes sobre os direitos da mulher e tem feito um progresso significativo na criação de leis que combatam a desigualdade de gênero e punam a violência contra a mulher, em especial no contexto do conflito armado colombiano no qual a violação das mulheres no acampamento inimigo era a regra.

Porém, apesar de essas leis constituírem um marco sólido na garantia dos direitos femininos, ainda seguem existindo obstáculos para sua plena aplicação. Em geral, os direitos garantidos por uma Constituição tão progressista só são efetivados por meio de ações judiciais movidas por civis, já que a Suprema Corte colombiana tem se mostrado notoriamente liberal no que diz respeito à proteção de mulheres, homossexuais e minorias étnicas.

Na Colômbia, pouco mais de 50% das mulheres estão inseridas no mercado, mas esse número vem aumentando, ainda que muitas vezes na informalidade. O principal problema, porém, ocorre quando a mulher alcança cargos de gerência, pois costuma receber menos que outros homens no mesmo posto. Esse debate, volta e meia, ocupa a mídia local e, embora não neguem a discrepância, muitos empregadores alegam que a diferença salarial ocorre não por discriminação, mas porque, como apenas há pouco tempo a mulher começou a ascender a cargos de chefia, poucas já cumpriram todo o plano de carreira das empresas. Assim, mesmo com uma ascensão meteórica, uma diretora com sete anos de empresa jamais vai receber o mesmo que um homem que esteja lá o dobro do tempo. Para resolver essa desigualdade, muitos especialistas em direito do trabalho no país sugerem que outros fatores como a qualificação acadêmica sejam utilizados na hora de calcular os salários, pois na Colômbia 58% dos alunos do ensino superior são mulheres, e também são elas quem mais se dedicam à pós-graduação.

Nas ruas, é muito comum que as mulheres sejam assediadas com comentários e cantadas, cotidianamente. Eu mesmo testemunhei que no transporte público de cidades grandes como Bogotá e Medellín motoristas e cobradores costumam se dirigir a mulheres jovens com termos como "*mi amor*" e "*mami*" (que seria o equivalente a "gata" ou "linda") e em casos extremos até "*mamacita*" (que seria o equivalente ao popular "gostosa"). Os dois primeiros termos também são muito usados por lojistas ao atender garotas. O pior é que o machismo é algo tão entranhado que muitos genuinamente se creem galanteadores ou gentis ao se dirigir a uma desconhecida com um "*mi amor*".

LGBTs

O primeiro grupo organizado gay do país nasceu na década de 1940, era formado exclusivamente por homens e se chamava *Los felipitos*. No entanto, esse grupo não atuava de modo político, era basicamente uma sociedade secreta formada por homossexuais das classes altas com o objetivo de organizar encontros nos bares gays clandestinos de Bogotá. Somente três décadas depois surgiria o ativismo LGBT por meio do seu pioneiro León Zuleta. Na década de 1970, foi realizada a primeira Parada Gay do país, formada por 32 manifestantes, mas vigiada por mais de cem policiais e com uma cobertura caricata da imprensa local.

A Constituição de 1991 estabeleceu o direito ao livre desenvolvimento da personalidade, a proteção contra a discriminação baseada na orientação sexual e garantiu por lei a diversidade cultural e étnica do país. Com essa "Constituição Cidadã", vários avanços têm sido registrados no campo dos direitos da comunidade gay. Por exemplo, desde 2000, o Código Penal colombiano estabelece a motivação pela orientação sexual da vítima como agravante de crimes. Na Colômbia, os homossexuais podem participar abertamente das Forças Armadas, e (como na sociedade em geral) seus parceiros recebem pensão em caso de viuvez. Desde 2003, também foi permitida a visita íntima para casais do mesmo sexo nos presídios do país, e casais gays com mais de dois anos de união podem ter acesso à saúde pública em conjunto.

É inegável que o Estado colombiano fez e faz um grande esforço para salvaguardar os direitos da comunidade LGBT. Com a Constituição e várias leis consagrando a liberdade ao indivíduo, grupos LGBT passaram a promover palestras sobre diversidade e a identificação da livre orientação sexual como um direito humano.

Hoje, a Colômbia possui grupos LGBT bem específicos, como o das lésbicas negras (*Triángulo Negro*), o Coletivo Gay de Medellín e a Rede de Apoio a Transgêneros. Para além de questões específicas, há também o Projeto Agenda, no qual economistas, sociólogos e cientistas políticos homossexuais elaboram propostas de melhoria de diversos setores do país, na intenção de demonstrar que o homossexual pode colaborar com a sociedade como qualquer um, e que não está apenas no mundo das artes, da moda ou da prostituição, como dita o estereótipo preconceituoso.

Já o caminho até o casamento igualitário foi tortuoso. Em 2011, a Suprema Corte, por 9 votos a 0, decidiu que, se não tinha poder para mudar as leis do país que ainda definiam matrimônio como a união entre um homem e uma mulher, isso não poderia ser um impeditivo para que casais homossexuais constituíssem família, e deu dois anos para que o Congresso regulamentasse essas uniões. O prazo não foi cumprido, o que levou a nova decisão na qual os casais do mesmo sexo foram autorizados a procurar cartórios e realizar contratos civis. Contudo, sem mudança na lei, por preconceito, muitos cartórios se recusaram a obedecer à determinação da Suprema Corte e o imbróglio foi criado. Apenas em 2016 foi reconhecido em definitivo o casamento igualitário, curiosamente um ano depois de os casais homossexuais conquistarem o direito à adoção de crianças. Claro que a existência de uma lei não significa ausência de preconceito nem de crimes contra essa comunidade.

Ao contrário da Europa Ocidental e EUA, na Colômbia, o movimento LGBT ainda carece de visibilidade. Há lojas e cafés que são pontos de encontro de gays, mas eles evitam expor a bandeira do arco-íris com receio de sofrer atos de vandalismo.

Contudo, o movimento vem festejando a "saída do armário" de várias lésbicas colombianas bem-sucedidas e formadoras de opinião, pois isso ajuda a diminuir o preconceito. É o caso das ex-ministras do governo Juan Manuel Santos: Gina Parody (Educação) e Cecilia Álvarez (Transportes), que se assumiram como um casal em 2014. No Congresso colombiano, atua a ativista Angélica Lozano, a única eleita

Família, mulheres, jovens e gays | 113

Marcha LGBT em Bogotá, 2013. A comunidade LGBT tem na Constituição de 1991 e nas decisões do Supremo Tribunal seus maiores aliados. No entanto, mesmo com as leis progressistas do país esse grupo ainda enfrenta dificuldades em regiões geográficas ou áreas profissionais onde ainda predomina o preconceito.

(em 2014) explicitamente para defender as bandeiras LGBT. Contudo, observa-se que praticamente não há homens públicos colombianos fora do mundo artístico que tenham assumido publicamente sua homossexualidade, e isso é lamentado pelo movimento gay, pois a visibilidade é uma palavra-chave para que a sociedade perceba o homossexual como um ser humano como qualquer outro, sendo a sua vida íntima apenas uma de suas várias facetas.

JUVENTUDE

O jovem colombiano não é muito diferente do brasileiro: o fenômeno dos *millennials*, os jovens que "já nascem conectados", se repete na Colômbia. A juventude colombiana não desgruda do celular. E reproduzindo um fenômeno mundial, cada vez assiste menos à TV e mais às plataformas de *streaming* ou vídeos na internet. Ela também lê muito pouco, como, aliás, quase todo o país – um dos que possui o mais baixo índice de leitura da América Latina. Como já comentado, a geração atual é a "geração do *reggaeton*"; o gênero musical é apreciado em todas as classes sociais e em todas as regiões do país (embora para muitos da classe média alta seja um tipo de música para se ouvir apenas fora casa, e que tem o propósito claro de facilitar a sedução na "balada").

Um ponto comum entre os jovens colombianos de todas as classes sociais é que eles são imediatistas e tendem a emitir opiniões sem meios termos, ou algo é considerado muito bom ou é "lixo". A grande maioria dos jovens colombianos, aqui também sem distinções de classe, se dizem contrários à homofobia. Claro que há jovens com um perfil mais conservador, mas, mesmo entre estes, há uma postura muito tolerante em relação à homossexualidade, bem maior do que a de seus pais. Como ocorre em outros países, é grande o descrédito da classe política e dos partidos entre a juventude. O jovem, em geral, não se sente representado pelos políticos tradicionais, mas sim pelos chamados "influenciadores digitais", que possuem canais no YouTube, por exemplo, e que expressam na sua linguagem as mesmas dúvidas, questionamentos e indignações. O jovem colombiano, contudo, se interessa por política, e o plebiscito relativo ao acordo com as Farc em 2016 mobilizou a juventude; mas, como o voto na Colômbia não é obrigatório, muito se revelaram "ativistas de sofá" (passaram meses debatendo o tema nas redes sociais, mas, no dia da votação, simplesmente encontraram algo mais interessante para fazer e não compareceram às urnas).

Em relação ao trabalho, ao contrário de seus pais, cujo primeiro emprego geralmente foi numa fábrica, o *millennial* colombiano obtém seu primeiro emprego no setor de serviços (que, aliás, é o que mais emprega no país atualmente), especialmente em lojas, hotéis, restaurantes, shoppings e *call centers*. Mas, seguindo a já comentada tradição empreendedora colombiana, muitos jovens querem mesmo é abrir seu próprio negócio, seja algo simples como uma lanchonete ou, no caso das classes mais altas, abrir uma empresa ou desenvolver um aplicativo. Para eles, o importante é ser seu próprio patrão e ter flexibilidade de horários.

CULINÁRIA

"Variedade" é uma palavra que define a culinária local: carnes, peixes, milho, batata e frutas formam um cardápio dos mais variados da América do Sul, onde as influências europeia, indígena e africana se mostram evidentes. A diversidade colombiana fica ainda mais clara na força dos pratos regionais. Não existe em absoluto um único prato nacional. A Colômbia, nunca é demais lembrar, possui regiões com culturas e climas dos mais variados, do andino ao amazônico, do frio bogotano ao calor do litoral e isso obviamente influi na gastronomia. Um dos grandes desafios da cozinha colombiana é se internacionalizar. E o cenário é favorável: a alimentação *slow food* com ingredientes frescos, comprados em mercados locais, e baseada em receitas caseiras tem crescido no gosto popular, o que vai ao encontro das principais características da cozinha colombiana.

Um dos muitos cafés da manhã colombianos clássicos: *arepa* (pão típico de Colômbia e Venezuela, feito com massa de milho e/ou de arroz, dependendo da localidade), *buñuelo* (a versão colombiana do nosso bolinho de chuva, com sabor menos adocicado), empanada (quitute semelhante a um risole de milho) e *milo* (chocolate quente).

Muitos dos principais pratos colombianos têm origem numa época em que o país era essencialmente rural, num contexto em que o alimento deveria sustentar o homem para o duro trabalho no campo por um dia todo. Em Medellín, por exemplo, reina a *bandeja paisa*. Suas porções gigantescas são feitas para servir as enormes famílias antioquenhas, e, assim como a nossa feijoada, tornou-se hoje um prato de fim de semana, onde se pode tirar uma soneca após a ingestão dessa iguaria que tem como base arroz, feijão, ovos, carne bovina, linguiça de porco e abacate, mas que pode incluir ainda torresmo e outros ingredientes.

O café da manhã tradicional é o *calentao*, ou "requentado", cujo nome se origina no hábito de comer o que sobrou do jantar da noite anterior. O "café da manhã dos campeões" colombianos contém arroz, feijão, ovos, *arepas* com queijo e carne de boi ou porco.

Já nas refeições principais, a sopa ganha destaque. Os colombianos são loucos por sopas e o prato é servido como entrada em todas as refeições, mudando-se apenas a consistência: mais aguada no litoral e nas regiões mais quentes e mais encorpada nas zonas mais frias. O *ajiaco*, que possui este nome devido ao molho levemente apimentado (nada é muito apimentado na Colômbia, a propósito), é uma sopa *all included*, digamos assim: leva milho, frango, alcaparras, folhas de guasca (que lhe dão seu aroma e sabor característicos), creme de leite e nada menos que três tipos de batatas não encontradas no Brasil, como a *tuquerreña*, a *pastusa* e a *criolla*. Já o *sancocho* pode incluir vários tipos de carne juntos como frango, boi e porco, além de repolhos, batatas e uma das estrelas da cozinha colombiana e quase desprezada no Brasil: o plátano ou banana da terra. No litoral, o prato possui variações com leite de coco, inhame e peixe fresco.

Na região de Tolima, a grande estrela é a *lechona tolimense*. Trata-se de uma leitoa inteira desossada e recheada com arroz, ervilhas, cebola e passas e temperada com cominho (muito presente na gastronomia local), sal e pimenta e assada em fornos de tijolos por até dez horas. Também de Tolima vêm os mais famosos *tamales* do país. O *tamal* é um prato de origem indígena, envolto em folhas de milho, bananeira e que podem contar alimentos salgados ou doces. Em Tolima, o *tamal* vem com arroz, ovo cozido, farinha de milho, ervilhas e carne de porco e frango. Ao contrário de outros países, na Colômbia o *tamal* é envolto exclusivamente em folhas de bananeira, amarrados por uma única ponta no alto como se fosse um saco. Somente em Santander ele é amarrado no centro como a nossa pamonha.

Para quem gosta de frutos do mar, a região caribenha é o paraíso. O arroz de coco, as lagostas e camarões enormes, os mariscos e a abundância de sucos e frutas

Culinária | 117

Ajiaco

A comida colombiana é fortemente marcada pelas frituras e por temperos leves, de gosto nem muito salgado, nem muito doce. Muitos pratos são à base de milho e carnes vermelhas, além do grande uso de frutas na culinária, especialmente o abacate.

Empanada

Bandeja paisa

Tamal e *arepa*

e os pratos com influência indígena, com bastante milho e mandioca lembram bastante a culinária do Norte e Nordeste brasileiros. Cartagena foi a principal porta de entrada de espanhóis e escravos africanos no período colonial, e assim a culinária da região reflete estas influências de forma bem marcada.

Prepare-se também para as frituras: os colombianos são fanáticos por frituras e um dos símbolos desta paixão é a *empanada*, que é totalmente diferente da argentina e da uruguaia. Enquanto estas são feitas com farinha de trigo e assadas, semelhantes às "nossas" esfirras fechadas, a empanada colombiana é feita com farinha de milho e é frita. Outra fritura popular como comida de rua são os *patacones*, pedaços fritos de banana da terra verde, acompanhadas de *guacamole*, vinagrete e outros molhos.

Como sobremesa, os colombianos consomem muitas frutas. Algumas delas sequer possuem nome em português, como o *lulo*, por exemplo, bastante cítrico e ótimo para se consumir em forma de suco. Outra fruta muito consumida é a *uchuva* – não tão conhecida no Brasil, aqui chamada de fisális –, uma bolinha laranja naturalmente envolta em folhas e que possui um sabor ao mesmo tempo doce e ácido. Na Colômbia, especialmente nas cidades mais quentes, é comum encontrar vendedores de rua que oferecem mangas e outras frutas cortadas em cubos e servidas em saquinhos para se consumir na hora. Outras frutas muito populares no país são a graviola, o mamão, o abacaxi, o maracujá e a goiaba, além de inúmeras variedades de bananas.

As *arepas* também são uma das marcas do país: feitas com farinha de milho, são, digamos assim, o pão colombiano. Têm formato circular e seu sabor, como em muitos pratos colombianos, depende apenas do desejo de quem o prepara. A *arepa* tanto pode ser cortada ao meio e recheada com frango ou carne, como com *arequipe* (um delicioso doce de leite, mas se você pedir uma *arepa* com *dulce de leche* curiosamente não te compreenderão). Outra deliciosa sobremesa muito popular, não apenas na Colômbia, mas também na América Central, são as *obleas*, ou *waffles* com *arequipe* ou leite condensado cobertas com coco ralado.

BEBIDAS

Para beber, os colombianos (especialmente os da capital e das regiões mais frias) costumam tomar chocolate quente e queijo... juntos. Sim, eles derretem o queijo dentro das canecas de chocolate. O aspecto não é lá muito convidativo, mas é saboroso e cumpre sua função de aquecer o corpo. Também no café da manhã

Culinária | 119

À esquerda, a BBC, tradicional cerveja de Bogotá, e, à direita, garrafa e lata de Cola y Pola, a peculiar, mas popular, mistura de refrigerante de cola com cerveja.

se toma a *aguapanela*, uma bebida muito popular no Caribe e América Central. Trata-se de uma infusão de água com raspas de rapadura e suco de limão na refrescante versão gelada ou como base para o café ou chocolate quente nas regiões mais frias. Nos supermercados, encontra-se a rapadura já ralada para a *aguapanela* e seu sabor é semelhante ao do açúcar mascavo. Assim, muitas vezes, o café (do qual falaremos mais adiante) é feito com *aguapanela* e não água quente e açúcar. Para os puristas do café é bom ter isso em mente ao visitar a casa de uma típica família colombiana.

Para os apreciadores de destilados, a Colômbia está longe de ser uma referência. A bebida nacional, a aguardente, não é tradicionalmente saboreada como o uísque, mas tomada de uma só vez em pequenos *shots*. Cada dose contém cerca de 200 calorias concentradas em 42 gramas de açúcar, essência de anis e 29 graus de álcool extra neutro! Os especialistas dizem que esse tipo de álcool utilizado na fabricação da aguardente não permite o que se chama de *lingering*, ou recordação. Em outras palavras, a aguardente não deixa um sabor agradável na boca após a degustação, o que dificulta tanto a sua internacionalização como as tentativas de fazer o produto alcançar o consumidor mais sofisticado.

A segunda bebida destilada mais típica da Colômbia é o rum, especialmente o da região de Caldas. No entanto, o produto fica bem atrás de seus similares cubanos e dominicanos.

A bebida alcoólica mais consumida do país é mesmo a cerveja, que detém quase dois terços do mercado, e o inacreditável *refajo*, uma mistura de cerveja com refrigerante chamado *Cola y Pola*.

Café

Todos conhecem a famosa história do surgimento do café. Conta-se com ares de lenda que um pastor etíope notou que suas cabras ficavam mais vivazes quando comiam as folhas e os grãos daquela planta. Os monges locais resolveram, então, testar uma infusão com os grãos e aquela bebida ajudou a fazer companhia aos religiosos nas longas noites de vigília e orações.

Na Colômbia, o testemunho escrito mais antigo sobre as origens do café no país é do padre José Gumilla em 1730, décadas após o início da cultura no Brasil. A primeira produção para exportação, no entanto, só ocorreu em 1835. A Guerra dos Mil Dias (1899-1902) levou à decadência as regiões produtoras por absoluta incapacidade de colher o grão durante a guerra, ocasionando a inadimplência em relação aos empréstimos contraídos no exterior e consequente falência dos produtores.

Essa crise é, paradoxalmente, um ponto de virada na produção cafeeira colombiana. No início do século XX, surgiu um novo modo de produção baseado na pequena propriedade camponesa, impulsionada pela migração interna e ocupação do centro-oeste do país, especialmente nos departamentos de Caldas, Tolima, Valle e Antioquia.

A localização geográfica é um dado fundamental para compreendermos por que o café colombiano é considerado o melhor do mundo. O país possui um clima muito estável em todo o seu território e a ausência de mudanças climáticas bruscas favorece muito o cultivo do produto. O clima de montanha e o clima equatorial favorecem o desenvolvimento da variedade arábica, justamente a mais consumida em todo o mundo. Dos 32 departamentos colombianos, 20 são cafeeiros.

Degustação ao final do passeio em típica *hacienda cafetera* em Salento. O café deixa de ser uma mera *commodity* e se torna parte da "marca colombiana", um cartão de visita construído por sua qualidade e propaganda.

O café colombiano é dividido em quatro denominações de origem: Santander, Huíla, Antioquia e Cauca. O café de Cauca, cultivado na altitude, é suave e levemente caramelizado, de acidez média. O de Santander possui uma fragrância forte e é levemente cítrico, enquanto o de Huíla é o mais encorpado. Por fim, o café antioquenho é suave tanto em sabor, quanto no aroma, fazendo deste uma das variedades mais apreciadas.

Em 1959 foi criado, pela agência de publicidade Doyle Dane Bernbach, o personagem Juan Valdez. O cafeicultor acompanhado de sua mula Conchita é um selo de origem que garante que o produto que chega às mãos do consumidor é 100% colombiano. Hoje, o selo representa os cerca de 500 mil cafeicultores do país e é um dos ícones publicitários mais reconhecidos do mundo. Nos anos 2000, foi criada uma rede de cafeterias com o nome do personagem e Juan Valdez, o "Starbucks colombiano", possui mais de cem estabelecimentos em todo o mundo.

122 | Os colombianos

A rede de café Juan Valdez é parte essencial no processo colombiano de transformar o café em produto nacional.

ECONOMIA

A Colômbia possui a quarta maior economia da América Latina (depois de Brasil, México e Argentina). Sua produção, hoje moderna e diversificada, baseia-se principalmente na indústria, na mineração e na agricultura, e é dirigida por um setor empresarial bastante conservador e pouco afeito a riscos. Além dos produtos mais conhecidos internacionalmente como o café e o petróleo, compõe a pauta de exportação colombiana o ouro, as esmeraldas, o carvão, as flores, a carne bovina, entre outros.

Durante a segunda metade do século XX, o país evitou os ciclos de crescimento e queda tão comuns em países como Argentina, Brasil e Venezuela. Mesmo assim, seguiu tendo uma crônica dificuldade em gerar emprego, o que acaba empurrando muitos colombianos para a informalidade. Contudo, a partir de 1999, a Colômbia atravessou uma enorme recessão, causada entre outros fatores pela crise dos chamados "tigres asiáticos", que praticamente paralisou sua agricultura e sua produção industrial de exportação. Apesar de o presidente Andrés Pastrana ter conseguido reduzir a inflação a um dígito, os índices de desemprego, de perda do poder aquisitivo e da queda na produção foram muito desfavoráveis. O desemprego chegou a 20%, o que causou uma grave crise social, além do aumento da criminalidade e o receio de que a Colômbia, sempre conhecida por sua estabilidade econômica mesmo em períodos de guerra civil, estivesse prestes a entrar para a triste lista dos "Estados falidos". Para que se tenha uma ideia, em 2000, a dívida externa colombiana era equivalente a 41% do PIB do país. Contudo, graças em parte ao Plano Colômbia (ver tópico "Estados Unidos", no capítulo "História"), aos poucos, a economia passou a dar sinais de melhora.

Com a recuperação nos anos 2000, a Colômbia reduziu substancialmente a pobreza. O índice de colombianos vivendo na pobreza caiu de 50% em 2002 para 28% em 2016, enquanto o dos que vivem na chamada "pobreza extrema" diminuiu de 30% em 2010 para 18% em 2016. Contudo, a desigualdade se mantém constante com os 10% mais ricos possuindo uma renda quatro vezes maior que os 40% mais pobres.

Assim como ocorreu com vários países produtores de petróleo, a economia colombiana passou por um *boom* nos anos 2000, com a alta das *commodities*, se posicionando a partir de então como a quarta economia da América Latina. O país possui uma estatal petrolífera chamada Ecopetrol dedicada a explorar, produzir, transportar, refinar e comercializar derivados de hidrocarbonetos. Hoje, a Ecopetrol é uma das mais importantes empresas de seu ramo, juntamente com a Petrobras (Brasil), PEMEX (México) e PDVSA (Venezuela). Contudo, é importante lembrar que, desde a abertura econômica do país nos anos 1990, a exploração do petróleo não é mais um monopólio estatal, pois, desde então, estão presentes na Colômbia empresas norte-americanas e canadenses autorizadas a realizar a prospecção de hidrocarbonetos.

Mas o símbolo da economia colombiana, até para efeitos de propaganda turística, é mesmo o café, que, desde o início do século XX, alcançou o reconhecimento internacional graças à boa qualidade de seus grãos cultivados entre 1.200 e 2.000 metros de altitude. Embora seja apenas o terceiro maior produtor mundial (atrás de Brasil e Vietnã), o país exporta (principalmente para EUA e Europa) cerca de 560 mil toneladas de café ao ano, o equivalente a 85% da sua produção.

A mineração é um dos principais motores da economia colombiana. Mas além do tradicionalíssimo ouro, explorado desde os tempos coloniais, e da enorme produção de carvão mineral, o grande diferencial colombiano é a produção de esmeraldas. No país, chega-se a afirmar que o coração dos colombianos não é vermelho, azul ou amarelo (as cores da bandeira), mas sim verde, e bombeia milhões de dólares para a economia nacional.

As esmeraldas são extraídas especialmente no departamento de Boyacá. Algumas minas já possuem mais de cinquenta anos de exploração contínua e seguem produzindo. Durante todo esse período, saíram do país milhões de esmeraldas, enriquecendo os proprietários das minas e cobrando a vida de milhares de pessoas. Estas mortes são decorrência de décadas de omissão do poder público. Apenas na década de 1990 o Estado passou a regulamentar a atividade de comerciantes e garimpeiros de esmeraldas e outras pedras. Antes disso, as regiões de garimpo de esmeraldas costumavam ser literalmente uma terra sem lei. Só no que se convencionou chamar de "Guerra Verde" (confrontos pelo controle das minas ocorridos na década de 1980) entre 800 e 2 mil pessoas foram mortas.

A Colômbia é a maior produtora mundial da pedra. Suas esmeraldas são admiradas internacionalmente pelo verde profundo e o formato de suas gemas. Desde 2015, um decreto da Agência Nacional de Mineração criou o Registro Único de

Economia | 125

Típica *hacienda cafetera*, a 45 minutos de Salento, coração do *Eje Cafetero*. O café é o principal produto de exportação da Colômbia.

Comerciantes, que emite licenças para toda a cadeia de trabalho na mineração, dos terceirizados aos proprietários das minas, buscando assim padronizar a produção esmeraldina no país, criando um selo de qualidade das pedras e, com isso, aumentando seu valor nas negociações no exterior.

Em relação ao cultivo de drogas ilegais, especialmente a cocaína, um relatório da ONU de 2016 indica que o cultivo de produtos ilícitos representa 0,4% do PIB do país, mas, agregando-se o valor do narcotráfico, ou seja, da exportação, esse valor sobe para 1,2% do PIB ou 10,3 bilhões de dólares. Enquanto atividade econômica, o cultivo de maconha, cocaína e da papoula (de onde se extrai a heroína) representa 3% da produção agrícola colombiana.

Paradoxalmente, o acordo de paz do governo com as Farc em 2016 levou a uma explosão do cultivo da coca. Mesmo após duas décadas de fumigação e bilhões de dólares investidos no combate ao narcotráfico, nunca houve tanta coca plantada como no período imediatamente posterior à assinatura do acordo. Para que se tenha uma ideia, em 2012, havia 78 mil hectares de coca plantada; quatro anos depois, esse número saltou para 188 mil hectares. Esses números obtidos com imagens de satélites se traduzem em aproximadamente 710 das 1.125 toneladas da coca produzidas mundialmente em 2016.

Alguns fatores explicam a expansão do plantio: primeiro, na medida em que se aproximava a data da assinatura do acordo com as Farc e suas prováveis consequências imediatas, como a maior presença do Estado nas regiões antes controladas pela guerrilha, houve uma corrida para obter o maior lucro possível na produção de coca. Em segundo lugar, a desvalorização do peso colombiano e a queda do preço do ouro (a mineração ilegal também é muito buscada por grupos armados), fizeram com que criminosos geralmente ligados ao garimpo ilegal se voltassem ao narcotráfico.

O plantio da folha de coca, no entanto, não é somente um caso de polícia, mas também um problema socioeconômico. A questão principal em relação aos pequenos camponeses que também cultivam a coca, os chamados *cocaleros*, é que, há décadas, sucessivos governos vêm prometendo implantar projetos que ajudem o pequeno camponês a substituir a coca por milho, cacau e café, mas eles nunca saíram do papel. O governo colombiano estima que cerca de 82 mil famílias vivam do cultivo da folha. Segundo a ONU, cada camponês recebe pouco mais de mil dólares por ano em troca de seu trabalho.

Em 2004, o governo, juntamente com grandes grupos empresariais colombianos interessados em alargar os seus mercados, tomou a iniciativa de negociar um Tratado de Livre Comércio (TLC) com os Estados Unidos, dentro de uma estratégia de se firmar como o grande aliado dos norte-americanos na América do Sul. Depois de 14 rodadas de negociações, o tratado foi finalmente firmado em 26 de fevereiro de 2006. No entanto, a ratificação interna do tratado pelos Estados Unidos só ocorreu seis anos depois, já no governo Barack Obama, entrando enfim em vigor em 15 de maio de 2012. Tal demora ocorreu devido a objeções do Congresso norte-americano sobre o cumprimento das regras internacionais acerca do respeito aos direitos de propriedade intelectual, proteção ambiental e a situação dos trabalhadores rurais colombianos. Na Colômbia, o acordo final foi recebido com protestos de associações sindicais, estudantes, agricultores, entre outros, que lutavam pelos interesses das pequenas indústrias e agricultura locais, que não podem mais contar com a proteção contra a concorrência dos produtos vindos do Norte.

O mercado norte-americano é hoje o principal parceiro comercial da Colômbia, sendo o destino de em média 38% do total de exportações do país e a origem de 15% das importações colombianas.

NARCOTRÁFICO

"A cocaína é a bomba atômica da América Latina" – a frase dita por Carlos Lehder, um dos fundadores do Cartel de Medellín, ressalta o poder da droga no continente.

É uma ironia da história que a Colômbia tenha se tornado o epicentro do tráfico de cocaína no mundo depois que o governo das Bahamas proibiu estrangeiros de pescarem em suas águas, especialmente lagostas. Espere, o que lagostas têm a ver com cocaína e os cartéis de drogas? A história é longa.

O ano era 1978 e a comunidade cubana exilada na Flórida dependente da pesca ilegal de crustáceos nas Bahamas foi obrigada a mudar de atividade. Muitos começaram a traficar maconha do golfo do México para a Flórida, sob a concorrência de mexicanos e colombianos. Estes últimos logo tomaram a liderança do mercado devido à enorme quantidade da droga que conseguiam introduzir no mercado norte-americano. A bonança durou pouco, porém, pois logo os usuários norte-americanos passaram a importar a variedade jamaicana de maconha sem sementes ou a produzi-la em seu próprio território. Com o desenvolvimento de variedades californianas com alta concentração do princípio ativo THC, em pouco tempo os EUA eram praticamente autossuficientes na produção da erva.

No entanto, com o início da década de 1980, aumentou a demanda por uma droga que era o retrato da geração *yuppie* que enriquecia em Wall Street: a cocaína. A sensação de euforia e onipotência condizia mais com uma década voltada para o individualismo, após a anterior ter sido dominada pelo coletivismo *hippie*. E uma vez que o mercado consumidor de drogas agora encomendava cocaína, os traficantes colombianos se adaptaram à nova e muito mais lucrativa realidade. Em 1976, segundo a Drug Enforcement Administration (DEA), órgão do FBI encarregado da repressão e controle de narcóticos, entre 14 e 19 toneladas de cocaína entraram nos EUA. Três anos depois, entre 25 e 31 toneladas. Em 1980, já eram 50 toneladas, a maior parte vinda da Colômbia.

A Colômbia possui três características que involuntariamente fizeram do país um paraíso para o narcotráfico: de um lado, zonas predominantemente rurais e tradicionalmente longe do alcance do Estado, o que favorece a produção. E do outro, cinco cidades com mais de um milhão de habitantes e com toda a infraestrutura necessária para a exportação da droga, a lavagem de dinheiro e a evasão fiscal, o que favorece o tráfico e prejudica de sobremaneira a economia legal do país. Nas últimas décadas do século XX, a corrupção movia a polícia, o Legislativo, o Judiciário e o sistema bancário. Entre 1980 e 1995, o negócio da droga foi responsável pela entrada de 35 bilhões de dólares no país, chegando a ser responsável por 25% do PIB.

A terceira característica foi a parceria que o Estado colombiano formou com os cartéis. Durante décadas, leis foram criadas para proteger os interesses dos traficantes. Nos anos 1970, o governo colombiano permitiu uma operação batizada de *Ventanilla siniestra*, na qual qualquer um poderia trocar seus dólares sem declarar a origem. Nos anos 1990, o Estado colombiano patrocinou uma lei de repatriação de recursos que igualmente legalizou milhões de dólares do tráfico para poder tributá-los, facilitando a lavagem de dinheiro de narcotraficantes, se tornando, assim, cúmplice de uma atividade criminosa.

Em nenhum outro país tanta gente foi assassinada ou expulsa de suas terras em função das drogas quanto na Colômbia. Também em nenhum outro país tanta gente ficou milionária, tantas instituições foram corrompidas e tantos projetos de combate ao tráfico fracassaram.

Na década de 1990, a luta contra o narcotráfico era baseada na extradição dos chefões e no desmantelamento da infraestrutura dos cartéis. Era a época dos Blocos de Busca e da modernização das leis para que estas se tornassem mais duras e eficazes em relação ao tráfico. (Blocos de Busca eram grupos de elite da polícia colombiana que foram formados para prender ou abater os líderes do narcotráfico. Havia uma intensa fiscalização do órgão antidrogas dos EUA, o DEA, sobre os blocos para que estes não se corrompessem como ocorria frequentemente com os policiais comuns.) Essa tática apresentou bons resultados iniciais, mas gerou efeitos inesperados. Ao atingir a ponta do *iceberg*, ou seja, o transporte e comercialização de drogas nas grandes cidades, o Estado foi omisso em relação à outra ponta dessa cadeia, os pequenos camponeses dos mais afastados rincões do país, presas fáceis de guerrilheiros e paramilitares, que se aproveitavam de sua pobreza e usavam a força quando necessário para que os camponeses mantivessem seus plantios, agora com novos patrões. A queda dos líderes dos cartéis de Medellín e Cali (como veremos mais adiante) criou um vácuo de poder que foi preenchido por ex-soldados do tráfico (cuja maioria se uniu aos paramilitares) e pelos guerrilheiros dos grupos Farc e o Exército de Libertação Nacional (ELN), que aproveitaram o momento para se apropriar de grandes áreas de cultivo da folha de coca.

Com o fim dos cartéis, e sob enorme pressão dos EUA, a Colômbia se submeteu a um plano americano de combate ao plantio através da fumigação das plantações com glifosato, um herbicida poderosíssimo. Ao mesmo tempo, foi abandonada a estratégia de combinar a judicialização com os serviços de inteligência e resolveu-se combater fogo com fogo, ou seja: contra grupos militares, soluções militares. O narcotráfico se tornou, então, uma questão rural que seria combatida por meio da guerra. Quase tudo nesse plano deu errado: os narcotraficantes ainda atuantes levaram as plantações para zonas cada vez mais distantes e montanhosas, plantando a coca de forma esparsa no meio da selva amazônica ou em meio a outras culturas, tornando assim a operação antidrogas cada vez mais dispendiosa e ineficaz.

No chamado Plano Colômbia, os americanos gastaram bilhões para armar o exército colombiano, derrotar as Farc militarmente e envenenar as plantações. Depois de uma década, o resultado foi o enfraquecimento da guerrilha esquerdista, o desvio comprovado dessa verba por parte de políticos colombianos (para enriquecimento próprio e para financiar grupos paramilitares que acabariam participando ativamente da produção e da exportação de coca e que, portanto, não estavam comprometidos de forma alguma em erradicá-las) e o crescimento da produção de coca na Colômbia.

É sem dúvida paradoxal que a Colômbia só tenha se tornado o maior produtor mundial de cocaína (antes era o Peru) após o desmantelamento dos cartéis de Cali e Medellín, e mais paradoxal ainda que essa liderança se mantenha após anos de um grande investimento militar e econômico norte-americano do Plano Colômbia. De fato, conforme os americanos despejavam bilhões nos cofres do Exército, a produção de coca aumentava, ao invés de diminuir, pois, no lugar dos grupos criados por civis, o narcotráfico passou a ser controlado por grupos armados de direita e de esquerda, que, entre outras coisas, usavam esse negócio para financiar sua agenda política. Os guerrilheiros se ocuparam da produção e cultivo da coca, enquanto os paramilitares se envolveram mais na fase de exportação e posterior lavagem de dinheiro. Ambos passaram a disputar o controle de diferentes regiões do país, e se acostumaram a obter influência política por meio da infiltração e da corrupção. Assim, após o fim dos cartéis, o comércio mundial de drogas tornou-se fundamentalmente diferente do que era na década de 1990.

OS PRINCIPAIS NARCOS COLOMBIANOS

O perfil dos grandes narcotraficantes colombianos na década de 1980 variava bastante. Gonzalo Rodríguez Gacha, vulgo El Mexicano, era o mais tosco entre eles. Semianalfabeto e extremamente violento e impiedoso com os inimigos (especialmente os grupos armados de esquerda, contra quem bancou uma guerra sem quartel), era motivo de zombarias dos outros membros do Cartel de Medellín por sua falta de refinamento e cultura geral. Pablo Escobar gostava de contar que Gacha sequer sabia direito quem era Gabriel García Márquez, escritor reconhecido mundialmente e uma das figuras icônicas do país. Seus investimentos eram os mais seguros e tradicionais possíveis: ouro, joias e terra. Suas paixões eram os cavalos, a música *ranchera* e o filho, com quem morreria em uma perseguição policial em 1989.

Outra família de narcotraficantes apaixonada por cavalos eram os Ochoa. Os irmãos Ochoa (Juan David, Fabio e Jorge Luis), membros fundadores do Cartel de Medellín, conseguiram, ao contrário de seus colegas, transitar com desenvoltura entre os mundos da legalidade e do crime. Eles eram figuras fáceis em programas de TV sobre pecuária e criação de cavalos na Colômbia e seu *modus vivendi* era respeitado pelos demais bandidos. No auge da guerra contra o Estado, foram capazes de financiar os mais horripilantes atentados, mas não se envolviam diretamente neles e, por isso, quando resolveram negociar sua rendição ao Estado colombiano e aos EUA, conseguiram escapar das represálias. Fabio, o caçula, foi extraditado para os EUA e em 2003 foi condenado a 30 anos de prisão. Sua extradição foi solicitada pelo governo norte-americano, que o acusou de ter traficado 30 toneladas de cocaína por mês entre os anos de 1997 e 1999. Juan David cumpriu pena de apenas cinco anos entre 1991 e 1996 e faleceu em 2013 aos 67 anos. Já Jorge Luis, também libertado em 1996, é hoje o único membro fundador do Cartel que não está preso nem morto.

Griselda Blanco, a única mulher entre os *narcos*, é também uma das pioneiras. Não fez parte de nenhum cartel, vivia em Miami desde o final da década de 1970 e seu papel era fazer com que a droga chegasse às ruas das grandes cidades da Costa Leste norte-americana. Cerca de 1.500 soldados do tráfico trabalhavam para ela nas ruas, e, sob seu comando, usuários e traficantes endividados eram mortos sem piedade. Cadáveres esquartejados e abandonados dentro de malas, orelhas enviadas à família das vítimas pelo correio e corpos boiando no sistema fluvial da cidade se tornaram comuns na outrora pacata Miami. Por ser mulher, Griselda pensava que, para ser respeitada, deveria ser pelo menos duas vezes mais cruel que um chefão homem. Estima-se que esteve envolvida diretamente em pelo menos 49 homicídios, embora policiais que atuaram naquela época cheguem a multiplicar esse número por cinco. Griselda ficou viúva três vezes, o que lhe rendeu o nada criativo apelido de "Viúva Negra". Foi presa em 1984 e, após cumprir 20 anos de prisão nos EUA, foi deportada para a Colômbia. Viveu uma vida discreta em Medellín até ser assassinada em 2012, quando saía de um açougue próximo a sua casa.

Entre os *narcos* colombianos, destacaram-se também os irmãos Carlos e Fidel Castaño (ligados ao paramilitarismo de direita e que, mais tarde, se voltariam contra Escobar) e Carlos Lehder, traficante de origem alemã conhecido por se vestir como uma espécie de Rambo da Amazônia e se dizer simpatizante do nazismo.

No crime, os grandes rivais do Cartel de Medellín eram os irmãos Miguel e Gilberto Orejuela, fundadores do Cartel de Cali. Assim como Pablo Escobar, os Orejuela começaram suas carreiras criminosas no contrabando de roupas e bebidas. As semelhanças, porém, param por aí. Ao contrário dos *narcos paisa,* que gostavam de evocar a tradicional aristocracia rural da Antioquia com suas criações de gado e fazendas, *los de Cali* gostavam de transmitir a imagem de empresários bem-sucedidos. Vestiam ternos caríssimos, dirigiam carros de luxo e faziam suas reuniões em arranha-céus e não em ranchos. Assim como os Ochoa, os Orejuela mantinham atividades legais paralelas ao tráfico, como a rede de farmácias La Rebaja e as emissoras de rádio Radial Colombiano. Sua forma de lavar dinheiro não consistia em investir em terras ou imóveis: os Orejuela eram os maiores acionistas do Banco Interamericano do Panamá, onde lavavam o dinheiro da droga misturado ao das exportações de café no Irving Trust Bank de Nova York. Seus filhos estudavam em universidades privadas ou no exterior. O Cartel de Cali não fazia caridade nem recrutava sicários nas favelas como o Cartel de Medellín. Preferia contratar seguranças profissionais, policiais fora do horário de serviço e membros de milícias paramilitares. Procurava ainda investir na economia local e fazer alianças com as lideranças políticas e econômicas do país. Tal comportamento levou as autoridades colombianas a considerarem que com o Cartel de Cali seria mais fácil de negociar do que com os "terroristas de Medellín". As diferenças, na verdade, eram apenas de método: os Orejuela também matavam sem pensar duas vezes, apenas seus atos eram mais "profissionais" e menos espetaculares.

Como a demanda pela droga só fez aumentar, outros atores surgiram para dominar o mercado, como o Cartel do Norte Del Valle, formado por vários grupos menores de traficantes. Na verdade, o uso do termo "cartel" aqui é inexato, pois cada narcotraficante atua com relativa autonomia numa organização muito menos centralizada do que as de Cali e de Medellín.

Em 2000, com o lançamento do Plano Colômbia e a grande pressão norte-americana sobre os cartéis, a liderança do mercado de cocaína passou da Colômbia para o México. Atualmente, a atuação dos colombianos se restringe a levar o pó até o México, onde grupos locais introduzem a droga nos EUA. O México também passou a ser uma alternativa quando os EUA fecharam o cerco às rotas caribenhas. Atualmente, 90% da cocaína que entra nos EUA chega por rotas terrestres via América Central e México.

O tráfico mexicano hoje é um mercado dominado por sete grupos: Los Zetas, Juarez, Golfo, La Família Michoacana, Beltran Leyva, Areliano Félix (ex-Cartel de Tijuana) e o célebre Cartel de Sinaloa, liderado por Joaquín "El Chapo" Guzmán, que seria hoje quem mais se assemelharia a Pablo Escobar, mas sem as mesmas extravagâncias e carisma.

Em 2015, as fumigações das plantações de coca com glifosato foram suspensas após a substância ser declarada potencialmente cancerígena pela Agência Internacional para Pesquisas sobre Câncer, órgão ligado à Organização Mundial da Saúde (OMS). O glifosato foi acusado de contaminar rios, envenenar animais e matar plantações das culturas de subsistência dos camponeses. Criou-se uma enorme polêmica devido a resultados conflitantes acerca do real risco cancerígeno do produto, e, enquanto isso, a área de cultivo de coca, que vinha recuando, voltou a crescer, dobrando de 48 mil hectares em 2013 para 96 mil apenas dois anos depois.

PLATA O PLOMO: ASCENSÃO E QUEDA DE PABLO ESCOBAR

A Colômbia, como todos os países, guarda esqueletos no armário. Nenhum deles é tão incômodo quanto Pablo Emilio Escobar Gaviria, o ícone do tráfico no século XX. *Plata o plomo* ("dinheiro ou chumbo") era a opção que Pablo dava àqueles que queria corromper, fossem policiais, delegados ou juízes: ou aceitariam o suborno e se tornariam cúmplices forçados do narcotráfico ou seriam sumariamente executados.

Treze de janeiro de 1987. O embaixador da Colômbia em Budapeste, Enrique Parejo, ouve batidas na porta de sua casa. Ao sair para atender recebe três disparos à queima-roupa. Milagrosamente sobrevive ao atentado, mas o recado está dado:

nem na distante Hungria os inimigos do Cartel de Medellín estavam seguros. Parejo se tornara alvo quando ocupava o cargo de ministro da Justiça e se colocou a favor do Acordo de Extradição Colômbia-EUA de 1979, que previa que traficantes que levassem drogas para os EUA fossem extraditados para aquele país. Baseado no *slogan* "Preferimos um túmulo na Colômbia a uma cela nos EUA", Pablo Escobar e seus sócios levaram a cabo uma guerra total contra o Estado colombiano, matando milhares de inocentes no intuito de submeter a Justiça colombiana à sua vontade por meio do terror irrestrito.

A história desse bandido é impressionante, devido tanto aos números de sua fortuna (foi o mais rico criminoso da história, amealhando cerca de 21 bilhões de dólares e entrando na lista da prestigiosa revista *Forbes*, feito do qual muito se orgulhava), quanto ao poder bélico e político que possuía. Sua trajetória, que tem sido contada e recontada em séries, filmes e novelas com maior ou menor fidelidade aos fatos, é um pouco da história da América Latina. Diz muito sobre nossa formação, nossas desigualdades, sobre o descrédito das nossas instituições e sobre nossas relações com os EUA. Vale a pena conhecê-la.

Pablo Emilio Escobar Gaviria nasceu em 2 de dezembro de 1949, na pequena cidade de Rionegro, a leste de Medellín, no departamento de Antioquia. Filho da professora primária Hermilda Gaviria e do agricultor Abel Escobar. Terceiro de sete filhos, sempre foi o mais mimado pela mãe dominadora. A família sentiu na pele o período de *La Violencia* (1946-1958, ver capítulo "História"). Hermilda, que havia sido transferida para o distante município do Titiribí, tinha fama de ser uma professora de ideias liberais e isso atraiu a ira das milícias conservadoras que fizeram um cerco à casa onde vivia com sua família, anexa à escola onde Hermilda lecionava. Por alguma razão desconhecida (que os Escobar atribuiriam a um milagre do Menino Jesus de Atocha – sim, eles eram religiosos), os milicianos, ao realizar a busca na casa, não chegaram a subir até o quarto onde silenciosamente a família toda se escondia. Contudo, não pouparam os outros liberais do vilarejo, que foram pendurados de cabeça para baixo nas vigas da escola e decapitados a golpes de machado. Resgatados de madrugada pelo Exército, a família Escobar Gaviria fugiu com as roupas do corpo para a cidade de Medellín.

Na infância, Escobar se tornou famoso por surrupiar as chaves dos gabinetes dos professores e roubar as provas para vendê-las aos coleguinhas. Assim, o pequeno Escobar desde muito jovem demonstrava desmedido amor ao dinheiro.

Já nos anos 1960, Escobar abandonou o curso de Contabilidade na Universidade Autônoma de Medellín, com a desculpa de que não queria ser um peso no orçamento da família e ingressou definitivamente no mundo do crime como forma de enriquecer. Empregou-se, então, com Don Alfredo Gomez, conhecido como "*El Padrino*", que havia feito fortuna contrabandeando uísque, cigarros, eletrodomésticos e porcelanas. Com *El Padrino*, Escobar aprendeu algumas lições que levaria para o mundo do tráfico: como ganhar dinheiro, como gastá-lo, quando ser inflexível, quando ser caridoso e como decidir sobre a vida e a morte alheia para ser temido por uns e amado por outros.

Nessa época, Escobar observava com admiração como, apesar de serem criminosos, os contrabandistas se moviam com galhardia pela sociedade, tinham endereço fixo e não só não viviam na clandestinidade, como também eram cidadãos respeitados em suas regiões. O preço para a respeitabilidade, ou ao menos a não ingerência em seus negócios, era o suborno de juízes, policiais, militares e apoio financeiro a políticos em campanha.

Em 1976, Escobar se casou com Victoria Henao, de apenas 15 anos, com quem namorava há dois anos sob ferrenha oposição da família da garota. Victoria, contudo, era completamente apaixonada pelo marido, com ele permaneceu até o fim da vida de Escobar, suportando sua constante infidelidade.

Nos anos 1970, o tráfico em Medellín era conduzido pelos *galafardos*, malandros colombianos que viviam de bater carteiras para gastar (e roubar mais) em Porto Rico, no Panamá e em Nova York e depois voltar e viver meses de *dolce vita* na boemia de Medellín. Numa época sem controle de imigração e máquinas de raios-X nos aeroportos, o tráfico era ridiculamente fácil. Naquele tempo se traficava por quilo, e Escobar e seu primo Gustavo compravam a pasta base no Equador, refinavam-na em seu país e depois a repassavam aos exportadores.

Em junho de 1976, Escobar enfrentou sua primeira detenção por tráfico de drogas que lhe rendeu uma de suas fotos mais icônicas: ao ser detido com dez quilos de cocaína escondidos no estepe de um carro e tentar sem sucesso subornar os policiais, foi preso e, ao ser fotografado na delegacia, abriu um largo sorriso que, futuramente, se transformou num símbolo do escárnio de Escobar em relação à Justiça colombiana.

Depois de alguns meses subornando o juiz, Escobar estava solto e tinha realmente razões para sorrir. Aos 28 anos era um homem rico. Criara um modelo de tráfico que seria a base do Cartel de Medellín, em que o transporte da droga era feito com o aporte financeiro de várias pessoas: Escobar ficava encarregado de processar a pasta de coca e seus futuros sócios, os Ochoa, de transportá-la e vendê-la nos EUA, mas era também permitido que qualquer pessoa desse uma contribuição em

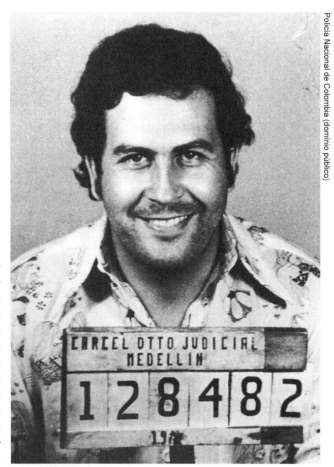

Pablo Escobar sorridente após ser preso pela primeira vez. Esta foto se tornou icônica, pois representava a certeza da impunidade e de que na Colômbia do final do século XX a lei poderia ser facilmente comprada, de policiais a juízes, passando por toda a classe política.

dinheiro para a empreitada e recebesse depois uma parte proporcional dos lucros. Essa modalidade trazia capital de giro ao negócio e atraía a burguesia tradicional de Medellín, que invejava a opulência dos traficantes (embora publicamente desprezassem aqueles novos ricos sem cultura e com péssimo gosto para decorar suas mansões) e queriam "tirar uma casquinha" do negócio sem se envolver diretamente.

Com sua postura comercial agressiva, logo Escobar conquistara as rotas para os EUA e, com pequenos aviões próprios, literalmente fazia chover cocaína sobre as regiões pantanosas da Flórida onde seus funcionários já aguardavam para recolher a mercadoria e levá-la para vender nas ruas. Outros métodos iam desde os mais rudimentares, como o uso de "mulas" que ingerem a droga, até "rechear" os estepes dos aviões com cocaína ou ainda colocá-la embaixo dos bancos dos passageiros onde supostamente deveriam estar os coletes salva-vidas, que eram simplesmente descartados mediante assombrosos subornos dados à tripulação.

Mais tarde, Escobar seria o pioneiro no uso de submarinos para levar a droga até o litoral dos EUA, escapando assim da fiscalização da polícia marítima. Escobar também chegou a lançar mão de suas boas relações com os governos cubano, nicaraguense e panamenho para usar esses países como base para o tráfico rumo aos EUA. (Os governos de Cuba, Nicarágua e Panamá eram profundamente corruptos e aceitavam dinheiro sujo de Escobar, permitindo que ele desenvolvesse suas atividades criminosas com tranquilidade; além disso, Cuba e Nicarágua se diziam inimigos ideológicos e políticos dos EUA, portanto, para eles, viciar os jovens norte-americanos fazia parte desta guerra. No caso panamenho, tratava-se apenas da cobiça pessoal do ditador Manuel Noriega em pôr as mãos nos dólares do narcotraficante.)

Em 1978, Escobar adquiriu a fazenda Nápoles e sobre a placa da porteira colocou como enfeite e troféu o pequeno avião com o qual conseguira fazer seu primeiro carregamento próprio de cocaína rumo aos EUA. A casa principal possuía sala de jantar para 60 pessoas, salão de jogos, piscina. A fazenda tinha também pista de aterrissagem, hangar, pista de *motocross*, posto de gasolina, centro médico e veterinário, um haras e um zoológico com animais contrabandeados de todas as partes do mundo (após sua morte, ficaram famosos os estragos causados pelos hipopótamos soltos nas propriedades vizinhas).

Escobar gostava muito da história do livro *O poderoso chefão* (1969), de Mario Puzo, que mais tarde se tornaria um verdadeiro guia para o narcotraficante. Ele passou a imitar todo o lento gestual e os longos silêncios do personagem principal da narrativa interpretado no cinema pelo ator Marlon Brando, no filme de 1972, dirigido por Francis Ford Coppola.

Nos anos que precederam a guerra contra o Estado, Pablo recebia diariamente pessoas humildes da região que vinham lhe pedir remédios, dinheiro para realizar uma cirurgia, pagar as dívidas, uma ajuda para abrir um pequeno negócio etc. Escobar foi responsável pela construção de 50 campos de futebol na região, além de ter investido na TV regional de Antioquia com o noticiário *Antioquia en Día* e até com um programa infantil, apresentado por seu sobrinho Gustavito Gaviria e chamado *Gente Miúda*.

Em dezembro de 1981, os irmãos Ochoa tiveram sua irmã Marta sequestrada pelo grupo guerrilheiro M-19, e imediatamente convocaram uma reunião com os principais *narcos* da Antioquia em seu haras. Compareceram 223 pessoas entre pecuaristas e fazendeiros locais, além de Escobar e outros líderes traficantes que se comprometeram em ajudar com dinheiro e capangas no resgate de Marta. Naquele dia foi criado o Cartel de Medellín e o grupo MAS (*Muerte a los Secuestradores*), um exército privado com 2.230 homens e um fundo estimado em 446 milhões de pesos para comprar armas, munição e recompensar quem informasse o paradeiro de Marta. Após três meses de buscas, pistas falsas, execuções e torturas de guerrilheiros, o Cartel conseguiu a mediação do ditador panamenho Noriega, seu "sócio" no narcotráfico (Noriega recebia parte dos lucros do comércio das drogas que passavam por seu país), que intercedeu junto às lideranças do M-19, obtendo a libertação de Marta Ochoa sem pagamento de resgate.

A criação do cartel significou uma maior união dos narcotraficantes de Medellín contra qualquer coisa que ameaçasse seus interesses, fosse o governo ou as guerrilhas. Mais tarde, o Cartel (fazendo jus ao nome) passou a atuar de forma coordenada na distribuição das rotas para os EUA, assim como a dividir lucros. Pablo Escobar, desde então, ficava com a maior parte por assumir mais custos e riscos que os outros.

Foto tirada no bairro construído por Escobar dentro de um projeto de seu período como suplente de deputado, o "*Medellín sin tugurios*" ou "Medellín sem lixões". No local onde foram construídas casas e quadras poliesportivas, vivia em meio ao lixo a população mais miserável da cidade que ganhou casa própria e até hoje vê Escobar como um Robin Hood.

Nigel Burgher (CCBY2.0)

Para expandir os negócios, o Cartel construiu, nas selvas da Amazônia colombiana, o mais sofisticado laboratório para o processamento de cocaína do mundo chamado Tranquilândia. Contudo, numa região já dominada pela guerrilha, não tardou para que surgissem os primeiros atritos entre narcotraficantes e guerrilheiros pelo controle do território.

Aqueles mais familiarizados com os colombianos sabem que Pablo Escobar até hoje é amado por boa parte da população de Medellín. Visto como uma espécie de Robin Hood, ele construiu um bairro inteiro com mil casas (prometido em 1982 e entregue em 1984) para a população que vivia no Lixão de Medellín. (O bairro se chama oficialmente Moravia, mas a maioria da população o chama de bairro Escobar; o local tem sofrido com a falta de investimentos do poder público, que se recusa a fazer qualquer melhoria enquanto a associação de moradores não aceitar chamá-lo de outro nome. A maioria dos moradores do local, porém, se mostra irredutível neste ponto, pois afirma que jamais teria conseguido *la casita* sem a ajuda de Pablo e que seria uma traição renegar seu benfeitor.)

No mesmo período, despontaria aquele que seria uma das grandes nêmesis de Escobar, Luis Carlos Galán, fundador de um movimento político chamado Novo Liberalismo, que propunha uma terceira via entre conservadorismo e liberalismo, as correntes que se alternavam no poder na Colômbia desde sempre. Com Rodrigo Lara Bonilla e Enrique Parejo, o Novo Liberalismo passou a ser uma força política relevante.

Enquanto isso, em Medellín, Escobar, com apoio da família, mas não do Cartel, decidiu entrar para a política. Escobar simpatizava com o viés do Novo Liberalismo (mais próximo da social-democracia europeia, preocupado com a criação de um Estado de bem-estar social na Colômbia e não apenas em atender as demandas de empresários e latifundiários, como sempre havia ocorrido até então). No fundo, Escobar buscava respeitabilidade, assim como os Corleone na saga cinematográfica de Francis Ford Coppola. Ele sabia que, mesmo com sua enorme fortuna, jamais seria aceito pela sociedade tradicional e isso o incomodava. Aos 30 anos já alcançara mais fortuna do que a maioria dos mortais poderia sonhar, mas não queria simplesmente se acomodar tão jovem. Pablo agora almejava o poder, primeiramente como suplente do deputado Jairo Ortega pelo Novo Liberalismo. Porém, ambos acabaram expulsos do partido por Luis Carlos Galán, um dos poucos políticos a se opor abertamente a influência do narcotráfico na política. Escobar e Ortega migraram então para a Alternativa Liberal, de Alberto Santofimio, e foram eleitos em 1982. Pablo caminhava nas nuvens: como parte de uma comitiva de parlamentares colombianos, foi convidado a assistir à posse do primeiro-ministro espanhol Felipe González, convite considerado uma grande honra. Além disso, o presidente eleito da Colômbia, Belisario Betancur, havia prometido na campanha presidencial de 1982 não extraditar os traficantes para os Estados Unidos.

Tudo parecia estar caminhando bem politicamente para Escobar, até que seu nome em evidência levou o diretor do jornal *El Espectador*, Guillermo Cano, a desenterrar nos arquivos do jornal a história da prisão de Escobar em 1976, na qual foi fichado sorridente na polícia, manchando a boa reputação que Escobar estava tentando construir. (Como vingança, Cano seria morto dez anos depois por capangas de Escobar.)

Pablo era terrivelmente vingativo e jamais deixava passar o que via como agressão ou traição à sua pessoa. Assim, ainda durante a campanha, e como retaliação pela expulsão do Novo Liberalismo, Pablo armara um encontro entre Rodrigo Lara Bonilla e um desconhecido traficante se passando por pecuarista que lhe doara um milhão de pesos à campanha do político. Mais tarde, Escobar usaria a fotocópia do cheque como prova de que Bonilla era um hipócrita financiado pelo tráfico. Bonilla, numa cruzada para limpar seu nome, não mediu consequências em sua guerra a Escobar e, com a notícia do *El Espectador* – um verdadeiro escândalo –, conseguiu com que o narcotraficante perdesse a sua imunidade parlamentar. Antecipando-se à cassação, Pablo renunciou ao cargo. Seria sua primeira derrota. Uma derrota que o mimado filho de dona Hermilda jamais esqueceria. Afinal, sempre conseguira tudo o que quisera... Contudo, agora Escobar se via numa luta contra as oligarquias tradicionais colombianas; pelo menos era assim que via seus perseguidores: pessoas de prestígio social, com sobrenomes tradicionais que não o aceitavam em seu meio por sua origem humilde (e não por ter feito fortuna na criminalidade).

Em 1984, Rodrigo Lara Bonilla, agora ministro da Justiça, venceu o segundo *round* contra Escobar e comandou a destruição da Tranquilândia, apreendendo toneladas de drogas, aviões, helicópteros e armas. Escobar organizou a sua vingança e, no dia 30 de abril de 1984, após dias de campana, dois de seus capangas conseguiram assassinar Lara Bonilla ao emparelhar sua moto com a Mercedes-Benz do ministro no centro de Bogotá. Diante do ocorrido, o presidente Betancur, pressionado pela opinião pública, voltou atrás em sua promessa de campanha e jurou capturar e extraditar os assassinos de Bonilla.

Em novembro de 1986, Escobar anunciou a criação de um grupo chamado Os Extraditáveis. Seu objetivo era negociar uma rendição ao Estado colombiano com a condição de não serem extraditados para os EUA. (Todos sabiam quanto era fácil para os bandidos corromper a Justiça colombiana. Assim, os *narcos* prefeririam negociar uma rendição na Colômbia em troca de uma pena branda que os permitisse, depois de poucos anos, voltar à sociedade como cidadãos livres e em dia com a lei.) Durante toda a guerra entre o Cartel de Medellín e o Estado (com ataques aos traficantes de um lado e carros-bomba explodindo em retaliação), ficou claro quão desacreditada estava a Justiça colombiana para todos os setores envolvidos: narcotraficantes, opinião pública, mídia e os próprios magistrados, que usavam a extradição para um país estrangeiro como a maior ameaça que poderia ser feita aos criminosos, admitindo implicitamente sua impotência frente aos Extraditáveis. Os *narcos* sabiam que, nos EUA, seriam tratados como mais um bando de traficantes "latinos" e não como cidadãos ricos, temidos e com contatos em todas as esferas da sociedade. Uma extradição para os EUA significaria, muito provavelmente, prisão perpétua.

Naquele ano, o novo presidente, Virgilio Barco, aplicou por meio de decretos presidenciais as ordens de extradição que seu antecessor havia firmado. O primeiro grande narcotraficante a ser extraditado foi Carlos Lehder, que havia ajudado Escobar a fundar o Cartel de Medellín. Há quem diga que Escobar, farto da fanfarronice de Lehder, cada vez mais violento, viciado em cocaína e delirante após várias malárias contraídas, teria denunciado o sócio à polícia para distrair a opinião pública e dar ao governo um troféu do qual se vangloriar. Lehder foi condenado à prisão perpétua nos EUA, comutada para 55 anos após ter colaborado com o processo que comprometeu o ex-líder panamenho Noriega com o narcotráfico.

De todo modo, os Extraditáveis precisavam demonstrar publicamente alguma reação à prisão de Lehder, e o principal alvo foi Luis Carlos Galán. O candidato do Novo Liberalismo foi metralhado em um comício em Soacha, ao sul de Bogotá. A comoção no país foi gigantesca. Galán representava para muitos uma alternativa à velha alternância entre conservadores e liberais que governavam o país desde sua fundação. No funeral, o filho de Galán pediu ao assessor de seu pai, César Gaviria, que mantivesse as bandeiras do Novo Liberalismo e assumisse a candidatura de Galán. (Gaviria aceitou e, nos anos 1990, entraria para a História como o presidente que derrotou o Cartel de Medellín após uma duríssima batalha.)

Enquanto isso, em 1987, começou uma guerra entre o Cartel de Medellín e o Cartel de Cali. Até então, a relação entre os dois grupos era de concorrência pelo mercado norte-americano, sem maiores animosidades dentro do território colombiano. Não há um consenso sobre como a guerra entre esses dois grupos teve início. Há quem diga que foi com o envolvimento amoroso de um sicário de Cali com a mulher de um sicário de Escobar. "*El Patrón*", como Escobar passou a ser chamado, teria ordenado de forma arrogante aos Orejuela que lhe entregassem seu funcionário. O Cartel de Cali se negou e, prevendo uma retaliação, resolveu se antecipar e atacar antes de serem atacados. Em 13 de janeiro de 1988, um carro-bomba com 700 quilos de dinamite explodiu em frente ao Edifício Mônaco, onde viviam na maior parte do tempo a esposa e os filhos de Pablo Escobar. Apesar de o atentado não ter deixado vítimas fatais, Manuela, a filha caçula de Escobar, teve danos permanentes em sua audição. Pablo Escobar prometeu vingar o atentado "cinquenta vezes". Um mês depois, começou uma onda de ataques a bomba (quarenta ao todo) à rede de farmácias La Rebaja e às estações de rádio Radial Colombiano (dez), ambas empresas de propriedade dos Orejuela, os chefões de Cali.

Além das empresas do Cartel de Cali, civis inocentes passaram a ser alvos de Escobar na luta que ele já empreendia contra as forças do Estado colombiano. Entre setembro e dezembro de 1989, supermercados, bancos, feiras, qualquer grande concentração de pessoas era um alvo em potencial para atentados que levassem o terror ao coração da população e pressionasse o governo para que cancelasse o Acordo de Extradição.

Na manhã de 27 de novembro de 1989, um Boeing 727 da Avianca que decolava às 7h13 de Bogotá com destino a Cali explodiu cinco minutos após deixar o chão. O alvo principal de *El Patrón* era César Gaviria, que estaria no voo, mas cancelou a viagem na última hora. Cento e sete pessoas morreram. A bomba fora detonada por um *suizo,* como Escobar chamava aqueles que aceitavam realizar missões suicidas. Os *suizos* se dividiam em dois grupos: moradores de rua e viciados, dos quais ninguém daria falta, e que muitas vezes se encaminhavam para as missões sem saber que não sairiam vivos, ou pessoas que tinham consciência do caráter suicida da missão, mas que aceitavam executá-la em troca do pagamento de alguns milhões de pesos à sua família. (Mais tarde, outros dois candidatos à presidência ainda seriam mortos, não por Escobar, mas pelos irmãos Carlos e Fidel Castaño, anticomunistas fanáticos que aproveitaram a onda de violência para impor sua agenda: em 22 de março de 1990, Bernardo Jaramillo Ossa foi baleado no saguão do aeroporto de Bogotá e, em 26 de abril, o ex-membro do M-19 e que na época já atuava pelas vias democráticas, Carlos Pizarro, foi metralhado em pleno voo. Ambos os crimes obras de *suizos* pagos pelos Castaño.)

Em 6 de dezembro de 1989, um ônibus com meia tonelada de dinamite, dirigido por um mendigo que recebera suas primeiras aulas de direção minutos antes, explodiu em frente à sede do Departamento Administrativo de Segurança (DAS), deixando 70 mortos e mais de 500 feridos. Contudo, o alvo principal do atentado, o general Miguel Maza Márquez, conseguiu sair ileso. (O general era visado porque, na guerra do Estado contra os cartéis, foi visto como o grande responsável por dois duros golpes contra o Cartel de Medellín: a destruição da Tranquilândia e a extradição de Carlos Lehder. Foi diretor do DAS, o órgão de inteligência do Estado colombiano. Contudo, seria preso em 2013 acusado de envolvimento na morte de Luis Carlos Galán.)

No final dos anos 1980, o Cartel de Medellín passou a promover uma onda aparentemente interminável de sequestros de parentes de políticos, numa demonstração de que ninguém estava a salvo da ira de Escobar. A onda de sequestros de filhos da elite colombiana foi fundamental para que o governo desse um passo atrás e optasse pela via negociada. Estava claro que a repressão por si só não havia conseguido reduzir a área de plantio da folha de coca e, consequentemente, o poder dos traficantes. A capacidade dos cartéis do narcotráfico de corromper o Estado se mantinha forte e mesmo a ajuda de membros norte-americanos do DEA não estava levando a uma vitória definitiva sobre os fora da lei.

Havia, portanto, três variáveis afetando a conjuntura: a pressão dos traficantes via terrorismo, a pressão da opinião pública pelo fim da violência e a pressão da elite política e econômica do país para que algo fosse feito pelo fim dos sequestros. Assim, o governo resolveu ceder e ofereceu a possibilidade de não extradição e a redução da pena a quem parasse de agir, se entregasse e confessasse todos os seus crimes.

Os sequestros, contudo, continuaram. Então, o governo, de joelhos, propôs que os criminosos confessassem apenas um crime para que pudessem ganhar os benefícios prometidos. Os irmãos Ochoa, pragmáticos, se entregaram em 18 de dezembro de 1990 e passaram a colaborar com a Justiça. Para eles, a oferta do governo era razoável. Para Escobar, não.

Estava prevista a convocação de uma nova Constituição para 1991 e o Cartel de Medellín não economizou dinheiro para retirar da Constituição a Lei de Extradição. Em 19 de junho de 1991, a Assembleia Constituinte (com muitos membros subornados pelo tráfico) eliminou a possibilidade de extradição por 51 votos a favor, 13 contra e 5 abstenções. Naquele dia, Escobar se entregou ao Estado para acabar ficando no presídio confortável que ele mesmo construíra, em mais um episódio que parece saído de uma obra do realismo fantástico.

O "presídio" de Escobar ganhou o nome de La Catedral e ficava em uma montanha no município de Envigado, a 2.100 metros de altitude, numa região de constante neblina. O maior temor de Escobar agora não era mais o Estado (o qual, em sua visão, derrotara), mas sim seus inimigos ligados ao Cartel de Cali. O "presídio" tinha banheira de hidromassagem, salão de jogos, campo de futebol, sala de jantar e cachoeira. Nesse local, orgias com prostitutas eram frequentes e jogadores da seleção colombiana eram lá recebidos como convidados para partidas informais no campinho de futebol. Todos os capangas de Escobar – como Popeye, Mugre e Aríete – também acabaram se entregando para lá se instalar, afinal, La Catedral não era de fato uma prisão, mas uma fortaleza onde Escobar e seus asseclas se sentiam seguros, podiam continuar comandando o tráfico e fazendo a guerra contra seus inimigos: o Estado e os concorrentes.

Enquanto isso, numa época de informações mais lentas, a opinião pública colombiana foi ludibriada, pensando que o mais perigoso traficante colombiano cumpria pena num presídio de segurança máxima entre as montanhas.

Em julho de 1992, o início do fim: Escobar descobriu que dois membros do seu próprio Cartel desenterravam e roubavam seu dinheiro (Escobar tinha fortunas enterradas por toda a Medellín e pouquíssimos sabiam sua localização exata) e ainda passavam informações confidenciais ao Cartel de Cali. Para puni-los, atraiu-os à La Catedral e os executou barbaramente.

Esse incidente deflagrou a guerra total entre os cartéis. Parentes (que tinham procuração para atuar juridicamente em nome dos chefões enquanto estes estivessem presos ou foragidos), contadores dos traficantes mortos e donos de cartórios foram obrigados sob a mira das armas a passar todas as suas propriedades a Escobar e depois executados.

Quando tem início a "guerra dos cartéis", a mídia descobre e revela que La Catedral não era uma prisão de fato. Sua "segurança" era feita pelos próprios homens de Escobar e não pela polícia colombiana. A própria existência de La Catedral foi vista como uma afronta à Justiça e aos cidadãos de bem. As notícias sobre sua real função desmoralizaram o governo colombiano que, sob pressão da opinião pública, decidiu, então, transferir Escobar para um presídio de verdade.

Informado dessa intenção, na madrugada de 21 de julho de 1992, Escobar fugiu de La Catedral por um buraco no muro feito prevendo esse tipo de situação.

Daí por diante, a vida de Escobar se resumiu a fugir. Fugir do Bloco de Busca e fugir de Los Pepes (como se chamavam os Perseguidos por Pablo Escobar), grupo que reunia o Cartel de Cali e ex-aliados que haviam se virado contra *El Patrón*.

Escobar passou a vagar pela selva colombiana e até cogitou se tornar um guerrilheiro para ser visto como "criminoso político" (como forma de reduzir sua pena, em razão do *status* jurídico diferenciado para presos desse tipo). Mas o cerco se fechou. Victoria, Juan Escobar e Emanuela não conseguiam sair do país e tanto o Estado quanto os outros traficantes sabiam que a preocupação com a família era o ponto fraco de Escobar.

De fato, Escobar voltou para a cidade de Medellín e se refugiou em um pequeno apartamento no bairro de Los Olivos, procurando aproximar-se de sua família. Suas ligações telefônicas para os familiares próximos passaram a ser cada vez mais longas, revelando um Escobar já não tão cuidadoso com sua segurança.

No dia 2 de dezembro de 1993, último dia de sua vida, Escobar ligou diversas vezes para o filho. Nessa época, respondia por escrito a uma entrevista solicitada pela revista *La Semana* e buscava negociar uma nova rendição ao governo em troca da concessão de asilo político para sua família. As longas ligações telefônicas permitiram ao Bloco de Busca localizar seu esconderijo. Pouco antes das três da tarde, a polícia invadiu a casa onde ele estava. Escobar levou três tiros: um nas costas, um na perna e um no ouvido.

Após a morte de Pablo Escobar, o governo colombiano já tinha seu troféu para apresentar ao público. Assim, não demonstrou o mesmo empenho em capturar os Orejuela, os líderes do Cartel de Cali. Inacreditavelmente, não havia nenhum pedido de prisão contra eles, o que irritou de sobremaneira o governo norte-americano.

Apenas após as eleições de 1994, Andrés Pastrana, candidato derrotado à presidência da República, começaria a denunciar insistentemente que seu adversário, o presidente eleito Ernesto Samper, e toda a cúpula de seu governo recebiam propinas do Cartel de Cali.

A situação da elite política se agravou com o escândalo chamado Processo 8000, que comprovava o financiamento de vários políticos importantes do país pelo Cartel de Cali. Segundo as investigações, o presidente Samper teria recebido cerca de 6 milhões de dólares dos criminosos para sua campanha. Com o escândalo, o então presidente norte-americano Bill Clinton se sentiu à vontade para ordenar o cancelamento do visto de entrada do presidente colombiano e ainda retirar da Colômbia o carimbo de "país aliado na luta contra as drogas", que rendia milhões de dólares à Colômbia em ajuda financeira, militar e de inteligência. Em 1996, Clinton afirmou em uma entrevista: "Quem colabora com o narcotráfico não é bem-vindo nos EUA. Não vimos no governo do presidente Samper nenhum compromisso fundamental ou decidido para lutar contra o narcotráfico no país. Assim, decidimos enviar uma mensagem forte e direta."

A mensagem foi devidamente compreendida, pois, em 1995, os irmãos Orejuela foram presos em Cali. Na metade do ano 2000, ambos tiveram sua extradição decretada para os EUA, onde acabaram condenados a 30 anos de reclusão. No final da década de 1990, portanto, os maiores cartéis de venda de cocaína do mundo até então – o de Medellín e o de Cali – estavam aniquilados. Seus líderes, que outrora ostentavam riqueza e poder, estavam presos ou mortos.

Com o lançamento do Plano Colômbia (a já mencionada ajuda econômica e militar dos EUA para o combate à produção de coca e ao narcotráfico) em 2000 e a grande pressão norte-americana sobre os cartéis, a liderança do mercado de cocaína passou da Colômbia para o México. Além disso, como já vimos, outros atores colombianos surgiram para atuar nesse mercado. Há uma pressão política muito grande sobre o governo colombiano e, assim, apesar de a Colômbia ainda ser uma grande produtora, os traficantes colombianos apenas vendem a droga para os cartéis mexicanos. Atualmente, 90% da cocaína que entra nos EUA chega por rotas terrestres via América Central e México vinda da Colômbia, do Peru e da Bolívia.

HISTÓRIA

Apesar de pouco conhecida no Brasil, a história colombiana é central para compreendermos a construção política da América Latina. A região da antiga Grã-Colômbia – onde hoje ficam, além do território colombiano, Venezuela, Equador e Panamá – foi o coração das revoltas de independência e principal palco da atuação política e militar de Simón Bolívar. E, no século XX, o país foi marcado por enfrentamentos entre guerrilheiros de esquerda e paramilitares de direita – grupos que passaram, a partir dos anos 1980 principalmente, a disputar não por ideais, mas pelo mercado do narcotráfico internacional.

A COLÔMBIA ANTES DOS COLOMBIANOS

Não se sabe quando os primeiros humanos chegaram ao território onde hoje é a Colômbia, mas arqueólogos encontraram, no atual departamento de Chocó – uma área quente, coberta com floresta tropical –, um sítio com vestígios de presença humana com mais de 10 mil anos de idade: ali foram achados fósseis de animais caçados, pólen de milho, objetos de cerâmica, totens e tumbas que apontam para a existência de uma sociedade com certa complexidade e estratificação.

Os pesquisadores sabem que mais tarde, entre os séculos VI e IX d.C., desenvolveram-se dois importantes grupos indígenas: os taironas e os muíscas. Os taironas viviam na região de Sierra Nevada (Santa Marta) isolados das cordilheiras andinas e limitados pelos paredões de montanhas do local. Depois da chegada dos espanhóis, muito pouco se falou a respeito dos taironas até que, nos anos 1970, foi encontrada a Ciudad Perdida (a capital da civilização tairona), que revelou ser essa sociedade uma civilização desenvolvida, com arte em cerâmica, pontes e estradas muito bem executadas, além de terraços para o cultivo de alimentos. Calcula-se que a Ciudad Perdida tenha sido construída por volta do século VIII. Os taironas eram também comerciantes, além de terem desenvolvido grandes habilidades na engenharia e arquitetura, possuindo um avançado sistema de estradas e de barreiras contra inundações.

Os muíscas não igualaram os taironas em sofisticação arquitetônica e suas atividades principais eram a agricultura e a pesca, mas foram muito mais numerosos. Estudos estimam que os muíscas chegaram a cerca de 600 mil indivíduos. Entre os atuais Peru e América Central, nenhum agrupamento indígena foi tão numeroso quanto este. Esse povo vivia a aproximadamente 3 mil metros de altitude, próximo da atual Bogotá. Alimentava-se principalmente de batatas e milho e consumia a *chicha*, uma cerveja feita com milho fermentado. Os muíscas exploravam as minas de cobre, carvão, sal (as minas de Zipaquirá são hoje uma das principais atrações turísticas do país) e de ouro, tão abundante que era a principal matéria-prima utilizada na manufatura de joias e adereços. Trabalhavam o ouro e a lã, mas não produziram obras de engenharia como as dos taironas. Os muíscas, assim como os taironas, não possuíam escrita.

Os taironas não possuíam ritos religiosos complexos, já os muíscas criaram ritos religiosos elaborados, e foi em torno destes que surgiu a famosa lenda do El Dorado – dizia-se que todos os anos um sacerdote muísca se cobria de ouro em pó, navegava até o centro da lagoa de Guatavita e ali submergia em suas águas geladas –, que por séculos fascinou os conquistadores espanhóis. Hoje, a reserva de Guatavita, a cerca de 50 quilômetros de Bogotá, é um ponto turístico onde o visitante ouve histórias sobre as dezenas de tentativas de drenar a lagoa para encontrar esse lendário ouro em pó, sem sucesso.

Ambos os povos falavam um idioma denominado chibcha (inclusive alguns erroneamente chamam os indígenas colombianos de chibchas, ignorando que tal nome refere-se somente a um grupo linguístico e não étnico; o chibcha é falado por vários povos ameríndios originários da atual Nicarágua, Honduras e Costa Rica).

A civilização muísca era dividida em duas confederações autônomas que mantinham relações comerciais entre si e às vezes entravam em conflito por questões territoriais. Seria errado falar em um reino muísca, porque não havia um monarca único. Tampouco a civilização muísca era um império, pois não mantinha povos de outras etnias sob seu domínio.

Os primeiros conquistadores espanhóis chegaram à Colômbia, mais especificamente à Guajira, em 1500. Mas a primeira tentativa de colonização só ocorreu dez anos mais tarde, em Urabá, atual fronteira com o Panamá, onde os espanhóis fundaram o povoado de San Sebastián. Em 1526, foi fundada Santa Marta e, sete anos depois, Cartagena.

A vitória militar sobre os indígenas foi comandada por Gonzalo Jimenez de Quesada, que derrotou e submeteu os muíscas sem grandes dificuldades. Utilizando o mesmo método de Hernán Cortez, Quesada aproximou-se inicialmente de forma amistosa de membros da tribo e, depois, capturou e torturou seu líder para que este

História | 151

Artefatos de ouro muíscas (à esquerda) e taironas (acima), datados entre o século X e XVI. Resquícios de duas complexas civilizações pré-colombianas.

revelasse onde se encontrava o ouro. Na costa caribenha, 95% da população nativa foi dizimada pelas armas dos espanhóis e pelas doenças trazidas por eles. Rapidamente, os espanhóis dominaram um vasto território rico em milho, batatas, sal, esmeraldas e ouro.

Em 1538, Jimenez de Quesada fundou a cidade de Santa Fé de Bogotá (futura Bogotá, capital da Colômbia), que se tornou o centro político do território recém-conquistado que chamou de Nova Granada em homenagem à sua cidade natal na Espanha. O nome "Bogotá" é uma adaptação do nome indígena originalmente dado para aquela localidade.

A COLONIZAÇÃO ESPANHOLA

A América espanhola, território vastíssimo que ia do Uruguai até o atual estado da Califórnia (EUA), era composta por povos muito distintos, separados uns dos outros por rios, florestas, montanhas e desertos. Em comum, dois elementos culturais impostos pelos colonizadores: o catolicismo e o idioma espanhol.

A elite da sociedade colonial era dividida basicamente entre *criollos* e *chapetones*. Os *chapetones* eram colonos nascidos na Espanha, condição que lhes garantia maior prestígio diante dos *criollos* (como eram chamados os descendentes de espanhóis nascidos no Novo Mundo). Na América, os *chapetones* (ou "espanhóis") – e somente eles – podiam ocupar os principais cargos administrativos, militares e religiosos, e também representar os interesses político-administrativos da Coroa espanhola. Os *criollos* eram filhos da elite local, mas, mesmo que fossem ricos fazendeiros, prósperos comerciantes, profissionais liberais (que muitas vezes haviam estudado na Europa), por terem nascido na América estavam impedidos de alcançar cargos altos na Coroa, na Igreja e nas Forças Armadas. Dizia-se jocosamente que "o mais humilde lavrador do interior da Espanha valia mais do que um latifundiário nascido na colônia".

Devido à vastidão do território espanhol, em meados do século XVI, a Coroa achou por bem dividi-lo em vice-reinos. Até 1739, Nova Granada pertenceu ao vice-reino do Peru, até que o vice-rei admitiu que, a partir de Lima (a capital desse vice-reino), não tinha condições de dominar um território tão grande (que abarcava os atuais territórios da Colômbia, Venezuela, Equador e Panamá). Como a Coroa queria evitar os descaminhos do ouro, decidiu, para exercer maior controle sobre a região, promover Nova Granada também a vice-reino.

Os vice-reinos espanhóis a partir de 1739 eram quatro: Nova Espanha (abarcando o México e toda a América Central), Nova Granada (Equador, Venezuela, Colômbia e Panamá), Peru (Bolívia, Peru e Chile) e Rio da Prata (Argentina, Uruguai e Paraguai). Os vice-reis estavam sozinhos no topo da hierarquia colonial e respondiam diretamente apenas ao rei da Espanha. Dentro dos vice-reinos, havia divisões territoriais menores chamadas províncias. Os *cabildos* (uma espécie de vereadores de instituições que funcionavam como câmaras municipais) administravam as províncias. *Cabildo* era a mais baixa representação colonial e a única com a presença de *criollos*. (A busca por maiores direitos políticos e econômicos por parte da elite local *criolla* levará a conflitos com a metrópole e movimentos de "libertação da América", como veremos mais adiante.)

O vice-reino de Nova Granada dedicava-se especialmente ao comércio na costa caribenha. Contudo, era um dos mais isolados do Império. Não havia demanda por seus grãos e gado e, se houvesse, as grandes distâncias impediriam que fossem vendidos. Cartagena administrava todo o comércio de importação e exportação, mas praticamente o único produto exportado era o ouro. (A característica monoexportadora, aliás, se tornaria uma constante na economia colombiana.) Para os espanhóis, um dos fatores que os atraíram a princípio para Nova Granada foi a abundância de mão de obra indígena. No início do processo de colonização, utilizaram bastante o sistema de *encomienda*, em que os indígenas trabalhavam para os espanhóis ao mesmo tempo em que eram catequizados (como forma de os colonos driblarem as restrições da Igreja Católica à mera escravização dos nativos).

Com o tempo e o contato cada vez mais intenso com os espanhóis, as populações indígenas sofreram uma enorme redução, foi uma verdadeira catástrofe demográfica, causada, sobretudo, pela varíola e pelo sarampo, doenças para as quais os nativos não possuíam anticorpos.

Outro fator que contribuiu para o virtual desaparecimento da cultura muísca foi a gradual miscigenação com os espanhóis. Em meados do século XVII, a língua chibcha já não existia a não ser para batizar nomes de rios, províncias e cidades. Os indígenas que escaparam ao processo de assimilação tiveram que se isolar na região amazônica para que seu modo de vida sobrevivesse.

A diminuição da mão de obra indígena causada pela exaustão do trabalho nas minas e pelas doenças levou a Coroa a optar, ainda no século XVI, pela escravidão africana.

O fluxo de escravos africanos via Cartagena foi tão grande que, em 1770, os negros já constituíam 60% da população de Nova Granada. No entanto, em 1852, com a miscigenação, esse número se reduziria drasticamente. Segundo Tomás Cipriano de Mosquera (estadista e político colombiano), em 1852, Nova Granada tinha 2,3 milhões de habitantes, sendo um milhão de *criollos*, 450 mil brancos, 421 mil ameríndios, 283 mil mulatos e apenas 80 mil negros.

A forte presença da Igreja Católica se fazia sentir por meio das Missões Jesuíticas onde se reuniam os indígenas em comunidades em que plantavam açúcar e criavam gado. A Igreja era dona de um terço dos imóveis da América Hispânica e possuía várias fontes de renda como os dízimos (que eram obrigatórios), a capelania (missas pagas pela alma de um falecido) e o censo (arrendamento das terras da Igreja).

O sistema colonial espanhol criou uma sociedade marcada pela estratificação social. A educação no vice-reino era reservada aos filhos homens da elite. Em Bogotá, havia duas faculdades administradas por jesuítas e dominicanos onde se ofereciam dois cursos: Teologia e Direito. O caráter elitista da educação formal ajuda a explicar porque o processo de independência da América Latina acabaria sendo uma obra das elites locais, fartas dos monopólios comerciais e políticos dos espanhóis, e não uma revolta das massas.

Em 1789, uma revolução na França contra a monarquia espalharia pelo mundo os ideais de "liberdade, igualdade e fraternidade"; seus efeitos se fariam sentir em toda a América Latina.

O PROCESSO DE INDEPENDÊNCIA

Assim como no restante da América Latina, o processo gradual de crescimento econômico e demográfico levaria naturalmente a um desejo de autonomia dos locais em relação à metrópole. Membros das elites letradas (alguns que até conheciam outros países, mas que haviam nascido na América) passaram a ver o colonialismo espanhol – seus impostos, suas leis restritivas, seu controle político – como um obstáculo, uma força retrógrada a ser removida. As ideias liberais básicas como "igualdade de todos perante a lei", "ascensão pelo mérito e não por origem" e "liberdade de expressão" conquistaram adeptos neste grupo social, a elite *criolla*, no final do século XVIII. Nessa época, a grande maioria dos brancos havia nascido no continente americano e não possuía grandes laços sentimentais nem com a Coroa nem com a Espanha. Para os latifundiários e grandes comerciantes, o Pacto Colonial (a proibição da colônia de comercializar com outros países além da metrópole) era como uma coleira em seu pescoço que os sufocava cada vez que tentavam ampliar seus ganhos. Assim, as elites locais lideraram um movimento de independência colonial.

A oportunidade de se ver livre da dominação da Coroa espanhola surgiu com a expansão napoleônica quando, durante cinco anos (1808-1813), a Espanha esteve nas mãos dos franceses, o que interrompeu a exclusividade de seu comércio com as colônias. Isso permitiu aos *criollos* comercializar com uma ex-colônia britânica recém-independente, os Estados Unidos da América. Essa experiência aumentou o apetite dos *criollos* por mais autonomia, pois mostrara as vantagens de se romper com o Pacto Colonial que garantia a exclusividade de comercio à Espanha, aos preços determinados pelos espanhóis.

No caso específico da região onde hoje é a Colômbia, a revolta local contra a Coroa espanhola teve relação direta com a Guerra de Independência dos EUA. Como já foi dito, o ouro era praticamente o único produto de exportação de Nova Granada e a Coroa espanhola era seu comprador. Portanto, não havia na região, a princípio, grandes motivos para revoltar-se contra o Pacto Colonial. Porém, como resultado da participação espanhola na guerra de independência norte-americana, o rei da Espanha resolveu aumentar a participação dos colonos na Alcabala (imposto sobre qualquer tipo de transação comercial interna) para recuperar os gastos de sua guerra. Esse aumento afetou toda a população, embora, na prática, muitas pessoas tentassem evitá-lo.

Uma primeira manifestação de revolta contra o aumento desse imposto surgiu na região algodoeira entre mestiços pobres em 1781 (30 anos antes do surgimento do movimento vitorioso pela independência liderado pela elite *criolla*). O movimento contra o aumento do imposto desembocou em um grupo chamado "*Los Comuneros*", liderado pelo agricultor e comerciante Juan Francisco Berbeo, que conseguiu reunir um exército de 20 mil homens. *Los Comuneros* ocuparam então pequenos povoados, formando seus próprios conselhos municipais; depois, marcharam até Bogotá, onde conseguiram a anulação do aumento do imposto, além de ecoar outras de suas reivindicações, como uma maior participação política. O mediador entre os revoltosos e o governo, o padre Antonio Caballero y Gongora, obteve do governo até um aceno com a possibilidade de ingresso dos *criollos* no funcionalismo público. Juan Francisco Berbeo chegou a ser nomeado corregedor da recém-criada comarca de Socorro.

No entanto, meses depois, a Espanha resolveu voltar atrás em suas concessões e enviou "reforços" (um grupo com no máximo 500 homens) para auxiliar seus representantes na região a retomar o controle efetivo. Assim que teve conhecimento desse fato, Berbeo fraquejou, voltou atrás e desistiu de lutar pela manutenção dos ganhos políticos que os *criollos* haviam obtido. Apenas membros do segundo escalão do exército *comunero* resistiram àquela atitude derrotista, mas acabaram mortos, esquartejados e tiveram seus corpos exibidos em praça pública. O líder *comunero* José Antonio Galán foi condenado à morte em 30 de janeiro de 1782, seu corpo também foi esquartejado, como o de seus companheiros, sua casa foi demolida; no terreno que ocupava, os espanhóis espalharam sal para que nada mais crescesse ali.

A derrota de 20 mil homens diante de 500 espanhóis só pode ser explicada pela fraqueza psicológica dos rebeldes que hesitavam em combater a figura sagrada do rei da Espanha, que por sua vez tinha pleno apoio da Igreja Católica. Apesar do fracasso humilhante, a Rebelião *Comunera* se tornou parte do folclore patriótico colombiano e hoje é considerada o primeiro passo dado para a Independência.

No final do século XVIII, negros e indígenas tinham muitas razões para se sentirem marginalizados naquela sociedade católica e europeizada em que viviam, mas não chegaram a organizar revoltas significativas. Nem mesmo os mestiços pobres o fizeram. Apesar de revoltas como a dos *Comuneros*, os líderes do processo de independência da América Latina não foram os grandes descontentes da sociedade, mas membros da aristocracia local: homens instruídos, respeitados e pertencentes a famílias com longas e ilustres histórias. Em outras palavras, a independência foi uma revolução tramada e executada por donos de terra, riqueza e prestígio social, em busca de mais riquezas, mais prestígio e ainda mais poder político.

Na Colômbia, os líderes foram Antonio Nariño e Francisco de Paula Santander, oriundos de famílias ricas e tradicionais, que comandaram exércitos revolucionários.

Na Venezuela, primeiro país latino-americano a se tornar independente, formavam a cúpula revolucionária o marquês Del Toro, cuja família estava no topo do poder há várias gerações, os Tovar, donos das mais exuberantes mansões da colônia, e os irmãos Juan Vicente e Simón Bolívar, que, entre muitos bens valiosos, como terras e gado, eram proprietários das cobiçadas minas de cobre de Aroa. Simón Bolívar também influenciou a independência da Colômbia.

Simón Bolívar nasceu em 24 de julho de 1783 em Caracas. Filho de fazendeiro, ficou órfão aos 3 anos e, como era costume na época entre os filhos de famílias abastadas, foi entregue a um mentor, Simón Rodríguez, um fervoroso discípulo de Rousseau. Educado segundo os princípios iluministas, aos 16 anos, Simón Bolívar foi para Madri a fim de concluir sua educação. Lá, sob a orientação do marquês de Ustariz, um membro altamente respeitado do Conselho Supremo de Guerra da Espanha, estudou Literatura, História, Filosofia, francês e italiano. Contemporâneo de Beethoven, era grande apreciador de sua música. Em Madri, conheceu outros venezuelanos de origem aristocrática como Manuel Mallo, guarda-costas e amante da rainha Maria Luísa; por meio dessa amizade passou a ter acesso à Corte. Uma tarde do ano de 1799 foi até o palácio real visitar o amigo e acabou conhecendo o príncipe Fernando, então com 15 anos de idade. O futuro rei (que seria conhecido como Fernando VII) o convidou para uma partida de badminton. No calor do jogo, Bolívar acertou a cabeça de Fernando com o volante. Enfurecido, o mimado príncipe se recusou a continuar, declarando encerrada a partida. Vinte e sete anos mais tarde, Bolívar se recordaria: "Como poderia imaginar Fernando VII que tal acidente seria o presságio de que eu seria o homem a arrancar-lhe a joia mais preciosa de sua coroa?".

Em 1799, Simón Bolívar conheceu Maria Teresa del Toro, madrilenha de origem venezuelana e sobrinha de seu grande amigo, o marquês Sebastián Rodríguez del Toro. Casaram-se dois anos depois, em 1801, e retornaram à Venezuela para aquela que Bolívar imaginava ser uma vida tranquila de senhor de terras. Maria Teresa foi recebida calorosamente tanto pela família de Bolívar quanto por seus parentes venezuelanos. Contudo, logo que chegou, passou a sentir muita fraqueza: havia contraído febre amarela. Maria Teresa del Toro faleceu passados apenas cinco meses da exultante chegada de Bolívar à terra de seus pais.

Bolívar ficou inconsolável por meses. Sentindo que nada tinha a fazer na Venezuela e querendo sair da casa que só lhe lembrava a sua amada, voltou para a Europa e de capital em capital mergulhou ainda mais fundo nas ideias liberais. Em janeiro de 1807, conheceu os EUA em uma viagem que mudaria sua visão de mundo. Na Filadélfia, Bolívar observou que, em apenas 23 anos de Independência, os EUA haviam se tornado uma das nações com maior atividade comercial do mundo. Por onde quer que andasse, o venezuelano ouvia o ruído de marretas e locomotivas, os apitos dos navios, enfim os sons de uma nação em crescimento. Mais tarde, Bolívar escreveria: "Durante a minha breve visita aos EUA, pela primeira vez em minha vida vi a liberdade racional."

Seu sonho passou a ser fazer da América espanhola uma gigantesca federação aos moldes dos EUA. Quando regressou à Venezuela, estava decidido a libertar o continente sul-americano do jugo espanhol e colocar sua imensa fortuna a serviço dessa causa. Mal sabia ele que Napoleão Bonaparte, sem querer, daria o empurrão inicial.

No ano de 1806, o imperador francês, após ver sua tentativa de invadir a Grã-Bretanha fracassar na lendária Batalha de Trafalgar, tentou asfixiar a ilha por meio do isolamento, impedindo o comércio dos países europeus e suas colônias com os britânicos. O Decreto de Berlim, assinado em 21 de novembro de 1806, entraria para a história como Bloqueio Continental. Portugal, que possuía uma relação de extrema dependência comercial com os ingleses, não aderiu ao bloqueio e sofreu as consequências. Em 1807, França e Espanha, por meio do Tratado de Fontainebleau, dividiram Portugal entre si. No final daquele ano, frente à invasão iminente das tropas napoleônicas, a família real portuguesa e sua corte de cerca de 15 mil membros zarparam para o Brasil em um comboio de 50 navios escoltados pelos ingleses. Quatro meses depois, a França invadiria a Espanha e assumiria o controle do país. Só então o rei espanhol Carlos IV (o pai do mencionado Fernando) perceberia que caíra numa cilada. Napoleão forçou o rei a abdicar em favor de seu filho Fernando e atraiu a família real para um jantar em Baione, na França. Lá, fez a todos prisioneiros, decretou que os Bourbon não reinariam mais na Espanha e nomeou seu irmão José Bonaparte como novo rei da Espanha.

Se os reis da Espanha eram fáceis de enganar, seu povo não era e opôs feroz resistência ao domínio francês. Em Sevilha, formou-se uma junta leal ao rei. Napoleão, por sua vez, tentou atrair os colonos para o seu lado: enviou, por exemplo, alguns agentes a Caracas. Esses enviados foram hostilizados pela população local que, por mais que não gostasse do rei Carlos IV, não queria se submeter a Napoleão. Imediatamente, os *criollos* se uniram para criar uma "junta" própria (um governo autônomo) que juraria lealdade a Fernando VII, uma opção que consideraram ser a melhor na ocasião. Bolívar, contudo, se opôs decididamente à ideia de buscar a emancipação ao mesmo tempo que se jurava lealdade a um monarca europeu. Ainda mais que, para ele, Fernando era aquele menino chorão que ele havia conhecido na Espanha. Naquele momento, Bolívar resolveu apenas observar sem participar efetivamente.

158 | Os colombianos

Fachada da Casa del Florero, local do curioso episódio do vaso de flores que inflamou a população de Bogotá e que abriga hoje o Museu da Independência.

No local que abriga hoje o Observatório Astronômico Francisco José de Caldas, em Bogotá, Simón Bolívar e outros liberais (Antonio Nariño, Camilo Torres, José Acevedo y Gómez, Antonio Baraya, Francisco José de Caldas) reuniam-se frequentemente e planejavam a criação de uma junta de governo totalmente independente da Espanha, com apoio popular. Essa junta governaria até que fosse eleito um novo líder para o país. Na noite de 19 de julho de 1810, tramaram uma forma de inflamar as massas contra os espanhóis.

Num dia de feira na Plaza Mayor de Bogotá, um grupo de *criollos* foi pedir ao espanhol Gonzalo Llorente um vaso de flores para enfeitar a mesa da reunião que teriam naquela noite com o equatoriano Antonio Villavicencio, outro *criollo*. O comerciante espanhol teria dito com palavras chulas que não emprestaria nada a *criollos*. (Esta é uma versão controversa e provavelmente falsa. Llorente morreria jurando que não emprestou o vaso, porque a toda hora alguém vinha pedir-lhe emprestado o objeto que enfeitava a sua loja e que o objeto até já apresentava sinais de desgaste devido ao manuseio.) O fato é que os *criollos* envolvidos no episódio saíram gritando pela praça lotada que um espanhol havia insultado a todos os nativos. A gritaria inflamou a população. Sua revolta foi tamanha que o prefeito de Bogotá não viu outra forma de acalmar os ânimos senão permitir a criação da junta que então prometia ser leal ao rei. (Promessa que não seria cumprida: o objetivo real da junta era cortar os laços com a Coroa espanhola).

No dia 20 de julho, data comemorativa oficial do país, foi confeccionada a ata da que é considerada a Declaração de Independência colombiana. Hoje, no local que era a loja de Llorente, fica o Museu da Independência. A expressão *"esto es un florero de Llorente"* é usada na Colômbia quando alguém se utiliza de um pretexto para obter algo maior.

La Pola: a heroína da independência

Nem só com Bolívar e Nariño foi construída a independência da Colômbia. Uma mulher teve um papel muito importante que, aliás, é devidamente reconhecido pelo povo colombiano. Trata-se de *"La Pola"*. Como na época e especialmente no interior nem todos registravam os filhos, o fato é que não há consenso sobre seu verdadeiro nome. Policarpa ou Apolonia Salavarrieta nasceu em Gaduas no ano de 1795. Filha de Joaquim Salavarrieta, um *comunero*, e de Mariana Rios. Como os *Comuneros* passaram a sofrer perseguição política dos espanhóis após o fracasso de sua revolta, o casal se mudou para Bogotá com os nove filhos. *La Pola*, como todos a conheciam, estava na Plaza Mayor no dia da revolta do vaso de Llorente, que a marcou profundamente. Tinha 14 anos. Após a morte de seus pais, vítimas de varíola, a moça se envolveu cada vez mais com o efervescente contexto político de sua época, se tornando espiã do exército revolucionário da região das planícies orientais liderado por Francisco de Paula Santander: recebia e enviava mensagens, comprava material de guerra, convencia pessoas a aderir ao exército patriota. Habilidosa na arte da espionagem, tornou-se valiosa fonte de informação para os revolucionários. Dentro do exército pró-independência, seu principal contato era o namorado Alejo Sabaraín, que já havia lutado também ao lado de Antonio Nariño no sul de Nova Granada. Com documentos falsos fornecidos pelos revolucionários para ocultar sua origem *comunera*, tinha livre trânsito dentro da elite bogotana, na qual, fingindo-se uma pessoa totalmente ignorante em política, descobria as diferenças ideológicas existentes dentro daquela sociedade. Apresentando-se como uma excelente costureira em casas de realistas, colhia informações e as repassava ao namorado. No entanto, em 3 de setembro de 1817, Sabaraín acabou capturado e em seu bolso foi encontrada uma lista com nomes na qual *La Pola* havia escrito quais famílias tinham posição pró-rei (e eram, portanto, inimigas perigosas) e quais eram pró-independência (com quem os revolucionários poderiam contar para encontrar um esconderijo, se alimentar etc.).

Após dois meses, *La Pola* é finalmente presa ao tentar visitar seu irmão caçula Bibiano. Às 9h da manhã de 14 de novembro de 1817, *La Pola*, Sabaraín e outros revolucionários foram fuzilados. Antes de morrer, *La Pola* pronunciou uma frase que se manteve na memória do povo colombiano: "Povo indolente! Qual seria a sua sorte hoje se conhecessem o preço da liberdade! Mas não é tarde demais. Vejam que eu, sendo mulher e jovem, tenho coragem para morrer e sofrer mais mil mortes. Não esqueçam deste exemplo!".

Monumento homenageando Policarpa Salavarrieta no centro de Bogotá. *La Pola*, como ficou conhecida, é uma heroína incomum. Jovem, lutou pelo ideal de libertação da Colômbia do domínio espanhol e se tornou exemplo de coragem ao fugir do papel que era reservado às mulheres na sua época e assumir um protagonismo na história de seu país.

Nunca uma mulher havia sido executada por crime político na região. Sua morte e discurso comoveram os colombianos e incendiaram a resistência local contra o vice-rei Juan de Samano.

La Pola se mantém vivíssima na cultura popular colombiana. Em 1911, a cervejaria Bavária lançou a cerveja La Pola em homenagem ao centenário da Independência, ocorrido no ano anterior. Hoje, "*pola*" é um dos muitos termos populares para se referir à cerveja na Colômbia. Além disso, *La Pola* já ilustrou a nota de dez mil pesos e em 2010 foi tema de uma novela da rede de TV RCN.

Finalmente a liberdade!

A partir de 1810 são criadas juntas em Caracas, Quito, Bogotá e Buenos Aires, que juravam lealdade a Fernando VII e reclamavam para si a autoridade administrativa enquanto o rei estivesse nos calabouços franceses. O raciocínio era que "estando o rei prisioneiro, automaticamente o poder retornava ao povo".

Nova Granada era um caso muito complexo pelo fato de sua população encontrar-se muito espalhada entre capital, região andina e litoral. Cartagena foi a primeira a anunciar a criação de sua junta administrativa. O exemplo foi seguido por Cali e Bogotá, mas logo até localidades menores como Pamplona e Socorro declararam autonomia, cada uma guiada por seus interesses imediatos e, com isso, o vice-reino de Nova Granada começava a se fragmentar.

O conflito era inevitável e contrapôs, pelos 14 anos seguintes, realistas e patriotas, espanhóis e *criollos*, afetando todas as esferas sociais. Na primeira fase (1810-1815), o conflito teve caráter de guerra civil, no início, com exércitos improvisados, operações militares limitadas em efetivos e extensão, mas que se ampliariam com o tempo. Três são os teatros de operações militares. Um deles, a região central do país (Bogotá e as províncias de Tunja e Socorro), com confrontos entre *criollos*: de um lado Antonio Nariño (centralista) e do outro Camilo Torres (federalista).

O segundo palco da guerra foi a província de Popayán: as cidades realistas de Pasto e Popayán *versus* os exércitos pró-independência do Valle Del Cauca ajudados por Bogotá e Antioquia.

O terceiro palco foi a costa atlântica entre a patriota Cartagena e a realista Santa Marta, estendendo-se à Venezuela.

No primeiro cenário, Nariño obteve a vitória no início de 1813, tornando-se presidente da Cundinamarca (departamento cuja capital é Bogotá). No final daquele mesmo ano, Nariño abandonou o cargo e liderou um exército que atuou no segundo cenário da guerra, Popayán, libertando-a do domínio espanhol. Em

1814, no entanto, é feito prisioneiro e deportado para uma prisão na Espanha, de onde só sairá sete anos mais tarde. Na costa atlântica, surgirá o líder Simón Bolívar vindo da Venezuela, derrotando as cidades realistas uma a uma.

Mesmo com a vitória inicial, a inexperiência dos novos governantes e as divergências internas fizeram com que esse período (1810-1814) fosse conhecido na Colômbia como "Pátria Boba". A desunião facilitou e muito a reconquista espanhola a partir de 1815, ano em que Fernando VII foi libertado e imediatamente tratou de recuperar pela força o que considerava ser sua herança. Em pouco tempo, o rei retomou o controle sobre o México, América Central, Venezuela, Equador e Colômbia. Bolívar passaria dois anos exilado na Jamaica, reorganizando suas forças.

No entanto, a maré começou a virar novamente contra a Espanha por dois fatores. Primeiro: assim como ocorreu na Guerra de Independência norte-americana, a brutalidade da metrópole com relação aos revoltosos acabou por convencer os mais indecisos da necessidade da independência. De fato, os homens de Fernando VII não economizaram na repressão, que envolveu saques, incêndios em cidades, estupros de mulheres, execuções sumárias – tudo isso contribuiu para que o discurso de que o rei merecia respeito e lealdade de seus súditos latino-americanos caísse por terra. Segundo fator: a entrada da Grã-Bretanha ao lado dos rebeldes. Para os pioneiros da Revolução Industrial, era impensável deixar escapar a oportunidade de abrir novos mercados para as suas manufaturas. No momento decisivo, Londres enviou armas, capital e corsários para auxiliar os *criollos*.

Por fim, a imensidão do território americano, que era um trunfo espanhol pela dificuldade de comunicação entre os revoltosos, se voltou contra a Coroa, pois as grandes distâncias também impediam uma vitória definitiva dos espanhóis. Esmagada uma revolta contra a metrópole nos Andes, outras dez pipocavam na América Central e assim sucessivamente.

Bolívar voltou a comandar um exército de *criollos*, indígenas e europeus que atravessou a planície na estação das chuvas, cruzou rios e a cordilheira dos Andes a cavalo, naquela que é considerada uma das mais extraordinárias campanhas militares da história. Bolívar uniu-se ainda ao advogado líder militar dos *llaneros* (moradores das planícies de intensa atividade pecuarista) e futuro presidente da Grã-Colômbia independente, Francisco de Paula Santander, e em 7 de agosto de 1819 venceu as tropas espanholas na decisiva Batalha de Boyacá.

O vice-rei Juan de Sámano fugiu de Bogotá, deixando o caminho aberto para a entrada triunfal de Bolívar na cidade no dia 10 de agosto de 1819. Pouco mais de dois anos depois, em 17 de dezembro de 1821, *"El Libertador"* – como seria chamado – declarou novamente independência em relação à Espanha e a união entre Venezuela e Nova Granada sob o nome de República da Grã-Colômbia.

À esquerda, monumento e ponte construídos no lugar da Batalha de Boyacá, em substituição à ponte original. Localizam-se na província de Tunja, em cujo centro histórico está a Plaza de Bolívar (acima) – mais uma praça entre vários locais públicos batizados com o nome do *"El Libertador"*.

LIVRES! E AGORA?

Naquele momento, a união entre Venezuela e Colômbia (novo nome do território de Nova Granada) era praticamente uma formalidade, dada a maneira com que a independência definitiva fora conquistada. Bolívar foi eleito presidente da Grã-Colômbia pelo primeiro Congresso por aclamação, mas, como era venezuelano, ficou decidido que o vice-presidente deveria ser um colombiano. Os candidatos eram Antonio Nariño e Francisco de Paula Santander. O primeiro era o preferido de Bolívar, mas devido a seu estilo agressivo de fazer política no período da Pátria Boba, foi preterido em favor de Santander. A primeira Constituição estabelecia um modelo republicano com poderes separados e garantias individuais.

O Congresso extinguiu os impostos espanhóis, a pena de morte e a Inquisição. Entretanto, a escravidão foi mantida, assim como o catolicismo foi consagrado como a religião oficial do Estado. Na Grã-Colômbia repetiu-se um fenômeno que ocorreu ou ocorreria em todas as demais nações hispânicas: reformas tímidas e limitadas, que atendiam aos interesses dos novos donos do poder. Os liberais, que haviam sido a ponta de lança da independência, eram influentes, porém minoritários no novo governo, mais um motivo para não ocorrerem grandes alterações sociais.

Em 1822, o Equador se uniu à Grã-Colômbia. No entanto, devido a problemas internos, o promissor país da Grã-Colômbia, rico em minérios, agricultura e pecuária, teve vida curta.

Embora Santander fosse o vice, exerceu o governo de fato, enquanto Bolívar se ausentava por longos períodos em campanhas militares no Peru e na Bolívia, onde ainda havia resistência espanhola. Santander fundou universidades, construiu ferrovias, melhorou as condições de navegação comercial, converteu em Exército as forças revolucionárias dispersas nas planícies, enfim, governou.

Quando a chapa Bolívar/Santander foi reeleita em 1826, Equador e Venezuela se rebelaram cada qual com os seus motivos. Para os equatorianos, a diminuição de barreiras comerciais privilegiava a expansão agrícola venezuelana (exportação), mas nada fazia para proteger a indústria têxtil equatoriana. Além disso, os equatorianos, profundamente católicos, eram os que mais se ressentiam com as reformas seculares propostas pela chapa. Já os venezuelanos achavam que não estavam devidamente representados; mesmo que Santander houvesse nomeado vários deles em altos cargos políticos e militares, queriam ainda mais poder.

Naquele mesmo ano, Bolívar havia acabado de redigir uma Constituição para a Bolívia na qual criava o cargo de presidente vitalício e quis fazer o mesmo na Grã-Colômbia. Tal gesto levou a relação entre Bolívar e Santander, que nunca fora fraterna, à oposição total e aberta. Para Santander, o modelo proposto por Bolívar nada mais era do que uma monarquia disfarçada e uma traição aos ideais republicanos que haviam inspirado a luta pela independência. Além disso, Santander achava mais prudente e racional consolidar a República da Grã-Colômbia, que já possuía problemas demais, antes que se pensasse em construir um grande projeto de integração regional latino-americano como sonhava Bolívar.

Simón Bolívar (à esquerda) teve um enorme papel na independência colombiana, tendo sido o idealizador da Grã-Colômbia. Por sua vez, Francisco de Paula Santander (à direita), após ser vice de Bolívar, chegou à presidência da então República de Nova Granada entre 1832-37. Conhecido como "O Homem das Leis", seu governo foi marcado por reformas econômicas.

Quem apoiava quem? Difícil dizer. Tradicionalmente se afirma que os apoiadores de Santander formaram o embrião do futuro Partido Liberal e os de Bolívar, do Partido Conservador. Mas não é tão simples. Na verdade, a base de apoio de ambos era bastante heterogênea e guiada muitas vezes mais por interesses pessoais do que ideológicos.

Mais recentemente, historiadores de esquerda inverteram completamente a interpretação tradicional e pintaram Bolívar como um líder popular, defensor das massas trabalhadoras, enquanto Santander estaria do lado das oligarquias. Essa interpretação não corresponde aos fatos e apenas serviu para a criação, na

Venezuela, de uma ideologia chamada bolivarianismo, cuja única semelhança com o projeto do aristocrata general é a proposta de união do continente. Para começo de conversa, Bolívar, como vimos, era um grande admirador da democracia liberal norte-americana. Comparando com a Revolução Francesa, Bolívar estava mais para um Napoleão do que para um Danton. Acreditava na igualdade de todos perante a lei (Bolívar morreu antes da abolição da escravidão, mas simpatizava com causas libertárias em geral, inclusive com a ideia de devolver terras aos indígenas), na educação, no laicismo, na liberdade de pensamento. Portanto, ele era um liberal de inspirações iluministas e, à exceção da ideia da união de todos os países latino-americanos, nada tem a ver com o bolivarianismo como o conhecemos hoje.

A MORTE DE BOLÍVAR E O FIM DA GRÃ-COLÔMBIA

O choque definitivo entre os diferentes projetos políticos para a Grã-Colômbia ocorreu na Assembleia Constituinte de abril de 1828. Ali, os partidários de Simón Bolívar aclamaram-no ditador. Este não apenas aceitou o título, como também, sem demora, passou a agir como tal, incluindo-se aí a reversão de muitas das medidas iniciais da República como a restauração do imposto indígena e a reabertura dos monastérios que haviam sido desapropriados pelo Estado.

Bolívar seguia uma tendência, percebida em toda a América Latina pós-independência, de recuo em relação aos ideais originais optando pelo conservadorismo que era quase um retorno à situação de pré-independência, agradando assim dois setores de que ele necessitava para governar: a Igreja e o Exército (ele necessitava da força das armas e da benção da Igreja para acalmar a forte oposição religiosa no interior e para reprimir revoltas que surgiam aqui e ali da parte de descontentes com os rumos das coisas). Como "cereja do bolo", o agora ditador extinguiu o cargo de vice-presidente ocupado por Santander.

Em 25 de setembro daquele ano, santanderistas tentaram assassinar Bolívar, mas a forma como invadiram o Palácio urrando pela morte do ditador facilitou a fuga dele por uma das janelas. Pouco depois, 14 conspiradores foram executados por tentativa de assassinato. Santander a princípio foi condenado à morte, mas como não havia provas irrefutáveis de seu envolvimento no atentado, o gabinete presidencial conseguiu convencer Bolívar a, em nome da estabilidade do país, comutar a pena de Santander para o exílio forçado.

Após o atentado, o ambiente político deteriorou-se rapidamente. No final de 1828, a Colômbia declarou guerra ao Peru, cujo governo se opunha abertamente a Bolívar (desde que seu Congresso fora fechado pelo ditador). Na Venezuela, a insatisfação com os aumentos de impostos para sustentar as intermináveis guerras, mais os acenos à Igreja (promessas do governo de devolver terras e bens aos padres e de permitir ensino religioso) levaram a revolta ao seu pico e, no final de 1829, a Venezuela se declarou um país independente. Os soldados venezuelanos que estavam em Bogotá voltaram para seu país, e Bolívar, já sofrendo com uma tuberculose em estado avançado, renunciou à presidência da Grã-Colômbia. Estava exausto e doente. Sua renúncia foi o estopim para que o Equador também se declarasse independente, convidando Bolívar a assumir a primeira presidência. *El Libertador*, porém, estava decidido a se exilar na Europa. Mas não conseguiu, vindo a falecer a 17 de dezembro de 1830 em uma de suas propriedades no litoral colombiano. Desiludido, deprimido e tuberculoso, escreveu: "Aquele que serve a uma Revolução está tentando arar o mar."

Sem os territórios da Venezuela e do Equador e, principalmente, sem Simón Bolívar, a Grã-Colômbia também morreria a 20 de outubro de 1831 – não haveria mais Grã-Colômbia sem Equador e Venezuela, apenas Colômbia. No ano seguinte, Santander, perdoado da pena de exílio, foi trazido de volta para governar os colombianos. Foi presidente por cinco anos numa administração marcada por grandes investimentos na educação pública em todos os níveis. Com sua morte em 1840, no entanto, a Colômbia estava órfã de seus principais heróis e passou a chamar-se República de Nueva Granada.

LIBERAIS *VERSUS* CONSERVADORES

Com o fim da Grã-Colômbia, seu Exército, que era formado predominantemente por venezuelanos, se enfraqueceu enquanto instituição, abrindo caminho para que grupos civis formados por latifundiários, comerciantes e advogados passassem a ter maior influência nos rumos políticos do país.

Em 1848, foi fundado o Partido Liberal, e em 1849, o Partido Conservador. (Ambos dominam até hoje a cena política local.) Os conservadores eram majoritariamente grandes donos de terras, aliados da Igreja Católica e adotavam um discurso moralista no campo dos costumes. Os liberais eram, em sua maioria, profissionais liberais urbanos, favoráveis à industrialização do país e radicalmente anticlericais.

Em 1849, chega ao poder José Hilario López, marcando o início da hegemonia Liberal que, com exceção de um pequeno intervalo (1855-1861), vai durar até 1886, transformando a sociedade colombiana. Em 1852, López proclamou a abolição da escravidão, 30 anos após a Lei do Ventre Livre de 1821. Como ocorreu em outros países, a abolição na Colômbia não foi um momento inteiramente feliz: com poucos recursos e nenhuma influência política, restou aos negros a agricultura de subsistência, muitas vezes praticada em terrenos pobres em ocupações irregulares. Já os indígenas conseguiram ter suas reservas demarcadas pelo Estado no governo do liberal Tomás Cipriano de Mosquera (1845-1849).

Em 1853, índios e negros ganharam o direito ao voto, fazendo da Colômbia o único país americano naquele momento a garantir, em teoria, essa prerrogativa a essa população. Pois esse direito era apenas nominal, já que o "voto universal masculino" em vigor também era censitário, ou seja, para ter direito a voto, o homem deveria possuir uma determinada renda, ter propriedades e ser contribuinte. Tais condições eram praticamente inatingíveis para um indígena ou um negro naquela época.

A Constituição de 1863 foi um avanço em termos liberais: aboliu a pena de morte, consagrou as liberdades individuais, transformou o país num regime semiparlamentarista, instituiu a liberdade de comércio, de opinião, de imprensa e de associação, além de explicitar a laicidade do Estado e da educação (reforçando a Biologia e a Química). Nessa época, bens da Igreja foram confiscados, uma tímida reforma agrária foi feita e o país voltou a chamar-se definitivamente Colômbia.

No final do século XIX, contudo, não se pode dizer que os colombianos eram de fato "cidadãos", representados como nação por um governo central. Na verdade, vigorava no país o clientelismo, sistema em que as pessoas apoiavam um ou outro partido, tornando-se seus "clientes", ou seja, seus protegidos em questões particulares (como obter prioridade em alguma licitação, favores na justiça, benefícios em detrimento de outros etc.). Assim, o "cidadão" colombiano era visto como membro ou eleitor exclusivo de um dos dois partidos, em um cenário político definido em termos de "partidário" ou "rival". Cada partido, quando chegava ao poder, acabava, na prática cotidiana, beneficiando os *seus* partidários, sem demonstrar grandes preocupações com a população em geral. (Essa é uma das razões pelas quais as mudanças de poder na Colômbia sempre foram traumáticas: pois uma parte da população sabia que poderia perder seus privilégios e sofrer retaliações caso seu partido perdesse a hegemonia.) Um grande obstáculo ao exercício da cidadania na Colômbia era o próprio entendimento que os partidos tinham do funcionamento do "jogo democrático": para os conservadores e boa parte dos liberais, o voto era a concessão máxima que se podia fazer à população de poucos recursos. Assim, a democracia colombiana, apesar de comparativamente avançada para a época, era incompleta: permitia o voto (masculino) e algumas liberdades individuais, mas mantinha os entraves para a ascensão social típicos de sociedades conservadoras. Mesmo os liberais hesitavam em aprofundar as conquistas efetivas ou as promessas da Constituição de 1863 e a realizar uma reforma agrária que mudasse o jogo político de um país cujo símbolo maior de poder era justamente a posse da terra. A população pobre, contudo, se recusava a ser lembrada (e ludibriada) apenas na época das eleições e pressionava, como podia, os governantes. Especialmente os camponeses exigiam ser protegidos contra a violência no campo praticada pelos latifundiários que queriam usurpar-lhes a terra.

No início da década de 1880, houve um racha no Partido Liberal, em que um importante grupo autodenominado "Os Independentes" adotou uma agenda mais conservadora baseada no lema "família, propriedade e religião". Esse racha facilitou um golpe dos conservadores em 1880 contra o que chamavam de "democracia selvagem". Agora no poder, os conservadores procuraram reverter todas as mudanças promovidas até então pelos liberais, iniciando um período que chamaram de Regeneração. Os conservadores reformularam o poder central; agora, o presidente da República nomeava os governadores das províncias. O período de permanência nos cargos políticos foi aumentado de dois para seis anos no Executivo e de dois para quatro nos cargos legislativos, com a declarada intenção de diminuir a quantidade de eleições no país. Em 1886, a Constituição de 1863 foi revogada e substituída por outra que dava plenos poderes ao presidente da República, restringia a autonomia dos departamentos e restaurava a influência da Igreja Católica, tornando o catolicismo a religião oficial da Colômbia (situação que só mudaria com a Constituição de 1991), devolvendo as terras antes confiscadas e permitindo a atuação de membros do clero como censores de professores e de obras literárias e artísticas.

A política sofrera, portanto, um retrocesso, mas a economia do país ia bem, uma vez que o final do século XIX marca o início do cultivo do café em larga escala (após a Primeira Guerra Mundial, a Colômbia se tornaria a segunda maior produtora de café do mundo, atrás apenas do Brasil). O *boom* do café alavancou a economia da Antioquia (até hoje bastião do conservadorismo do país). Ou seja, os conservadores detinham o poder, e seu eleitorado, a principal riqueza. Um casamento perfeito. A expansão econômica também beneficiou a província da Antioquia, atraindo para a região grandes bancos e incrementando a indústria têxtil e de alimentos. As exportações cafeeiras cresceram tanto que os fazendeiros locais passaram a expandir sua área de plantio, não pela compra legal de mais terrenos, mas pela expulsão de pequenos proprietários de suas terras.

O presidente Rafael Nuñez, mentor da Regeneração, insistia que seu projeto era a única alternativa ao caos e à desordem nacionais, porém seu programa excludente levaria a duas das maiores catástrofes que podem ocorrer a um país: uma guerra civil e perda de parte importante de seu território.

Em 1899, o Partido Conservador encontrava-se dividido entre os partidários de Nuñez e Miguel Antonio Caro, que não aceitavam a mínima participação liberal, e os chamados "conservadores históricos", mais moderados, que reconheciam a necessidade de dialogar com os liberais e se opunham ao uso da força para calar a oposição. Nessa disputa, contudo, prevaleciam os conservadores ligados ao presidente.

Nessa época, o Partido Liberal também estava dividido: havia os que ainda apostavam nas vias institucionais para se chegar ao poder, embora tivessem claros indícios de que as eleições no país eram fraudadas, e havia os que achavam que a luta armada era o único meio para se alcançar tal objetivo. Para acabar com o impasse, em 17 de outubro de 1899, Pablo Emilio Villar declarou a insurreição liberal, dando início a um conflito que entraria para a história colombiana como a Guerra dos Mil Dias. A disputa que opôs conservadores *versus* liberais acabaria afetando toda a população colombiana, vitimando mais de 100 mil pessoas (o que correspondia na época a 2,5% da população do país), paralisando a economia colombiana por três anos e deixando o país vulnerável a pressões externas. Foi um dos maiores traumas da história colombiana.

A GUERRA DOS MIL DIAS E A PERDA DO PANAMÁ

De todos os mistérios da Colômbia, o que mais espanta os estrangeiros é a repetição de guerras civis que, vistas da perspectiva atual, fazem pouco ou nenhum sentido. São conflitos que marcam a Colômbia de hoje, como a Guerra dos Mil Dias (1899-1902), que alterou os rumos do país.

Para derrotar os rebeldes, a ditadura conservadora emitiu moeda de forma irresponsável com o objetivo de cobrir seus gastos militares, gerando um descon-

História | 171

Imagens de 1913 da construção do canal do Panamá. Uma das maiores obras de engenharia de todos os tempos, começou a ser construído em 1904, a enormes custos humanos e financeiros: cerca de 5 mil pessoas morreram durante a execução do projeto, que custou centenas de milhões de dólares.

trole na economia nacional. A situação chegou a tal ponto que o papel-moeda se esgotou no país. E o que o governo fez? Parou de emitir moeda de forma exagerada? Que nada! Simplesmente passou a imprimir dinheiro em papéis que haviam sido utilizados como embalagem de chocolate, onde inclusive podia-se ver nas cédulas o logotipo da empresa fabricante do doce. A desvalorização da moeda foi tamanha que um dólar, que valia quatro pesos no início do conflito, ao final deste, três anos depois, valia cem vezes mais.

Ocupado com a guerra contra seus opositores, o governo não conseguiria impedir a intervenção norte-americana, que acabaria tirando parte do território colombiano. À época, os norte-americanos queriam construir um canal artificial permitindo que seus navios pudessem cruzar do Atlântico para o Pacífico. A escolha do local ora pendia para a Nicarágua, ora para o estado colombiano do Panamá, até que o Panamá foi o escolhido. (Os franceses já haviam tentado e fracassado em construir um canal no Panamá no começo do século XVIII em função das doenças tropicais (malária e febre amarela) que acometeram os operários, mas ao final do século XIX o volume de investimento envolvido no projeto superava o medo de um novo fracasso.)

Em setembro de 1902, quando a Guerra dos Mil Dias dava sinais de estar terminando, o emissário colombiano em Washington, Tomás Herrán, assinou um acordo com o secretário de Estado norte-americano John Hay cedendo aos EUA o controle sobre uma estreita faixa interoceânica de terra, na qual seria realizada a construção do canal (o governo e o Exército dos EUA administrariam e ocupariam a região em regime perpétuo), em troca de um pagamento fixo anual.

O senado colombiano, no entanto, rejeitou o acordo, alegando que ceder aos EUA o controle direto sobre o istmo era incompatível com a soberania do país. Para os panamenhos, no entanto, era melhor ter um canal em termos pouco favoráveis, mas que traria divisas ao país, do que canal algum. Os EUA, então, se aproveitaram da pouca identidade dos panamenhos com o restante da Colômbia para separar a região do país. De fato, os panamenhos, com sua maioria de negros e mestiços, eram vistos com desdém pela elite bogotana. Além de se sentirem preteridos, os panamenhos consideravam abusivas as taxas aduaneiras que o Estado colombiano lhes impunha. Estavam cansados do excessivo centralismo do governo e dos constantes conflitos armados que assolavam a Colômbia, que, segundo o governo local, impediam o Panamá de exercer a sua vocação natural de grande entreposto comercial. Assim, em novembro de 1902, o Panamá, sob a proteção da Marinha norte-americana, declarou sua independência com relação à Colômbia sem precisar

Charge do início do século XX retratando a interferência norte-americana na independência do Panamá.

disparar um único tiro para garanti-la. Bastou o governo norte-americano emitir um comunicado no qual afirmava que o desembarque de forças colombianas na região seria considerado uma violação do entendimento que os dois países tinham sobre a proteção norte-americana ao Panamá.

Rapidamente, os EUA reconheceram a independência panamenha e passaram a exigir o mesmo de todos os países da América Latina, que individualmente ou em grupos (como fizeram Brasil, Argentina e Chile) atenderam à exigência, deixando a Colômbia isolada e humilhada.

Se houve algo de positivo nesse doloroso processo de perda de território foi o fato de que, agora, os habitantes de um país tão dividido tinham uma perda em comum para compartilhar, um sentimento raras vezes experimentado até então: a união nacional. (Converse com qualquer colombiano sobre o tema, independentemente de matiz ideológica, e escutará expressões como "vergonha" e "estupidez", referindo-se ao governo da época.) A perda traumática do Panamá levou a uma trégua entre as partes envolvidas na Guerra dos Mil Dias, de resto cansadas do conflito em que não houve vencedores. O período de trégua foi chamado de "Convivência" e duraria 25 anos.

MARCADOS PELA VIOLÊNCIA

A história colombiana registra décadas e décadas de assassinatos em massa, perseguição política, violência sexual, preconceito contra as minorias e crueldades em série que não combinam com a imagem de alegria, camaradagem e hospitalidade dos colombianos. Alguns episódios mais marcantes de violência ficaram registrados nos livros de História e na memória coletiva dos colombianos.

O MASSACRE DAS BANANEIRAS

Em 1900, instalou-se na Colômbia uma empresa norte-americana chamada United Fruit Company que se notabilizou pela exploração de mão de obra no departamento de Magdalena (região caribenha do país) com a conivência do governo colombiano. Além de não contratar os trabalhadores diretamente, a empresa não os pagava por hora ou por dia, mas por tarefa executada. Os pagamentos eram baixos e costumavam atrasar. No final de 1928, cerca de 25 mil trabalhadores dessa multinacional entraram em greve. Reivindicavam, entre outras coisas, seguro coletivo obrigatório, reparação por acidentes de trabalho, alojamentos limpos, descanso aos domingos, pagamento semanal e o fim dos vales que só tinham valor nas dependências da empresa.

Por mais de um mês, os grevistas só tiveram como resposta ameaças do governo conservador e nenhuma tentativa de negociação por parte da empresa norte-americana, que se aproveitava da fragilidade da legislação trabalhista colombiana para ignorar qualquer tipo de reivindicação dos trabalhadores. O presidente norte-americano John Calvin Coolidge chegou a ameaçar o governo colombiano de intervenção militar caso ele não se tomasse medidas contra a greve.

Em novembro de 1928, finalmente tiveram início as negociações, mas a companhia aceitou apenas acabar com os vales e fazer pagamentos semanais, frustrando os trabalhadores, que esperavam mais. O clima foi se deteriorando. Os trabalhadores passaram a bloquear as ferrovias e sabotar as linhas telegráficas como forma de pressão. No início de dezembro, receberam uma notícia de que o governador de Magdalena iria se reunir com eles. Assim, em 5 de dezembro de 1928, o clima na estação ferroviária da cidade era de grande expectativa. Contudo, o tempo foi passando e nada de o governador chegar, o que começou a exaltar os ânimos tanto dos trabalhadores quanto dos soldados que faziam a segurança do local. A violência tomou conta do cenário, as tropas abriram fogo contra a multidão. Até hoje, não se tem um número exato de mortos, mas certamente se contam aos milhares. O episódio que vitimou os trabalhadores e suas famílias ficou conhecido como "Massacre das Bananeiras" e foi retratado no livro *Cem anos de solidão*, de Gabriel García Márquez e em obra do artista plástico Rodrigo Arenas Betancourt.

O massacre ficou impune. O governo foi cobrado a dar explicações e reagiu, colocando na prisão muitos líderes sociais da época (como Maria Cano, pioneira do feminismo colombiano e herdeira da influente família dona de um dos maiores jornais do país, *El Espectador*). Nessa época, começou a ganhar destaque um dos maiores líderes políticos da história colombiana, Jorge Eliécer Gaitán.

EL BOGOTAZO

Sabemos que, após a Crise de 1929 e especialmente nos anos 1930 e 1940, o Estado, tanto no Brasil quanto na Argentina, conseguiu fortalecer sua autoridade por meio do controle dos sindicatos e de algumas concessões na legislação trabalhista. Na Colômbia, seria diferente: a crise fortaleceu ainda mais a direita, com aberta hostilidade do Estado contra trabalhadores e sindicatos de modo a reforçar o poder dos governantes e sufocar a possibilidade de oposição. Nessa linha, o liberalismo passaria a ser identificado com o comunismo e um racismo escancarado seria adotado pelo Partido Conservador para desqualificar mestiços, afro-colombianos e caribenhos. Como isso se deu?

Após a Crise de 1929, a economia colombiana centrada no café entrou em colapso, e este fator, juntamente com o horror causado na opinião pública pelo Massacre das Bananeiras, permitiu a vitória do Partido Liberal nas eleições após 50 anos de ausência no governo. (A cafeicultura era a base do poder conservador, com a queda no preço do café e a consequente crise econômica, o caminho do poder ficou aberto para oposição.) Em 1930, o liberal Enrique Olaya Herrera chegou à presidência. Mas, ao contrário das expectativas dos eleitores, nada mudou, gerando um grande desapontamento entre os colombianos. Muitos buscaram,

Marcados pela violência | 177

Mural na fachada do edifício com homenagens a Jorge Eliécer Gaitán, demarcando o local exato onde foi assassinado. O crime daria origem ao *Bogotazo*.

então, uma terceira opção, jogando suas esperanças na figura do advogado mestiço Jorge Eliécer Gaitán, que, com o retorno do PL ao poder, foi nomeado prefeito de Bogotá. Com o tempo, Gaitán se tornaria o maior líder popular colombiano do século XX. Carismático e intelectual, ele se movia com desenvoltura tanto nos círculos da elite quanto entre o povo humilde.

No início dos anos 1940, Gaitán foi ministro da Educação e do Trabalho, tendo atuações elogiadas pela população em ambas as pastas. Sua agenda em prol dos trabalhadores, porém, foi considerada radical demais para a cúpula Liberal, e Gaitán não conseguiu que o partido o indicasse para as eleições presidenciais de 1946. Insistente, concorreu como candidato avulso. Isso foi um erro estratégico, pois ele e o candidato oficial do partido, Gabriel Turbay, acabaram dividindo os votos liberais, possibilitando assim a volta do Partido Conservador ao poder. Daí em diante, os conservadores fariam de tudo para não sair mais do governo.

No dia 9 de abril de 1948, Bogotá fazia os últimos preparativos para a IX Conferência Panamericana, que daria origem à Organização dos Estados Americanos (OEA). Os conservadores decidiram não convidar nenhum político liberal, nem mesmo o popular Gaitán, para a cerimônia de abertura. O país já vivia um clima de polarização política e a exclusão do político mais querido dos colombianos acirrou os ânimos da população.

Pouco após o meio-dia, Jorge Eliécer Gaitán foi assassinado por um jovem de 26 anos chamado Juan Roa Sierra com três tiros quando saía de seu escritório para almoçar. Até hoje pairam muitas dúvidas se Roa teria sido mesmo o assassino de Gaitán, pois os relatos do episódio se contradizem; muitas teorias da conspiração surgiram para explicar o assassinato. A morte de Gaitán levou à maior revolta popular da história do país, conhecida como "*El Bogotazo*". Manifestantes lincharam o suposto assassino Juan Roa Sierra, arrastaram seu corpo e o abandonaram na porta do Palácio Presidencial, demonstrando que consideravam o governo responsável pela morte de Gaitán. Em seguida, incendiaram prédios governamentais e a sede do jornal *El Siglo*, de Laureano Gómez, que era conhecido como "o Hitler *criollo*" em razão do conteúdo racista de seu periódico. Estudantes liberais tomaram estações de rádio. Até mesmo policiais aderiram à revolta. Muita gente se aproveitou da ausência de forças policiais para realizar saques. A Conferência teve que ser suspensa por falta de segurança (sendo retomada quase um mês depois).

Para acabar com as manifestações, o governo enviou o Exército às ruas e os confrontos entre soldados e manifestantes deixaram um saldo de 5 mil mortos e vários prédios públicos incendiados.

As chamadas "juntas revolucionárias" (como se autodenominavam os grupos rebeldes) se espalharam por todo o país. A existência dessas juntas não levou à tomada do poder, mas, para um país tão pouco acostumado a revoltas populares, tal grau de ousadia e insurreição aberta foi um choque. Para vários setores populares, Gaitán havia significado a esperança de mudanças sociais; sua morte frustrou muita gente.

Contudo, os revoltosos não eram bem organizados. Até mesmo a massa operária colombiana era disforme: apenas 5% dos trabalhadores eram sindicalizados. Assim, a reação à morte de Gaitán caracterizou-se mais como uma catarse coletiva que como um plano revolucionário. O então jovem estudante cubano Fidel Castro, que estava em Bogotá para participar de uma assembleia estudantil e tinha uma reunião agendada com Gaitán no dia seguinte, assim definiu o *Bogotazo*: "Ninguém pode assumir a organização do que ocorreu em 9 de abril, porque o que menos estava presente no 9 de abril era precisamente a organização. Não havia absolutamente nenhuma."

De todo modo, as manifestações de descontentamento não ficariam sem resposta. A direita conservadora reagiu com violência, dando início a uma das mais brutais guerras civis do século XX, ocorrida entre 1948 e 1956, no conflito conhecido como *La Violencia*.

LA VIOLENCIA

Hoje na Colômbia 74% da população vive nos centros urbanos. Esse predomínio urbano, contudo, não foi causado por uma migração natural, rumo a melhores condições de vida ou de trabalho, mas sim pelos problemas advindos do período de *La Violencia* (1948-1956), que opôs mais uma vez partidários de conservadores e partidários de liberais, atirando o país numa espiral de barbárie.

Por décadas, os camponeses e os pequenos proprietários rurais foram os mais prejudicados das guerras internas que assolaram a Colômbia. Suas terras foram palco de batalhas sangrentas promovidas pela elite colombiana (como a dos Mil Dias, ou conflitos menores entre proprietários que se diziam liberais ou conservadores) e de invasões e expropriações levadas a cabo por grandes proprietários a fim de expandir sua plantação de café ou sua criação de gado. Colheitas foram confiscadas, queimadas ou envenenadas. Milhares de camponeses foram fuzilados, muitos por suspeitas de estarem do lado opositor, e gerações inteiras de colombianos do campo viveram sob o terror de serem capturados e obrigados a se alistar em um dos grupos em luta.

Logo após *El Bogotazo*, os líderes liberais passaram a organizar milícias de camponeses (em sua maioria voluntários, mas também havia recrutamento forçado), enquanto que membros e simpatizantes do Partido Conservador também criaram suas próprias milícias, lideradas principalmente por católicos extremistas que identificavam o liberalismo com o ateísmo e o comunismo. Da ação das milícias conservadoras, surgiam os *pájaros*, matadores que circulavam em carros sem placa, eliminavam líderes liberais e voltavam impunes às suas rotinas de garçons e taxistas. A declaração de "neutralidade" de algumas províncias era a senha para a impunidade dos *pájaros*, pois significava na prática que o governo local não lançaria mão da polícia, dando, portanto, sinal verde para os assassinatos. Em meio à guerra, em 1949, Laureano Gómez foi eleito presidente e logo sua polícia política, apelidada *chulavitas*, se uniu aos *pájaros* no assassinato de dirigentes liberais e líderes de esquerda.

A partir de um determinado ponto, no entanto, o conflito já não era mais ideológico, mas sim centrado em tomar as posses, a terra, o gado e as plantações de café existentes, sobretudo as do inimigo. As atrocidades então cometidas por combatentes de ambos os lados são dignas de um filme de terror: em Tolima, por exemplo, se utilizava muito um método de execução chamado *corbata* ("gravata"), no qual se fazia com uma faca uma abertura na garganta da vítima e então se empurrava sua língua para trás até que ela saísse pelo corte e ficasse pendurada no pescoço "como uma gravata". Outra forma brutal de execução era a chamada *cabeza del mono* ("cabeça de macaco"), na qual a cabeça decapitada do inimigo era alojada numa abertura feita em seu tórax. As mutilações de dedos, orelhas, pênis e seios eram tão comuns quanto os estupros e incêndios de aldeias.

Também são lembranças recorrentes dessa época milícias conservadoras marchando e tendo à frente imagens da Virgem; e milícias liberais profanando igrejas (o anticlericalismo radical era uma característica dos liberais, influenciados pelo pensamento iluminista revolucionário).

La Violencia representou uma regressão em todos os aspectos. No conflito não foi respeitada nenhuma regra que protegesse não combatentes. A luta pelo poder entre os dois partidos praticamente amordaçou qualquer voz alternativa ao bipartidarismo estabelecido. O assassinato e a expulsão de moradores passaram a ser parte indissociável da vida no campo. E a violência tornou-se um triste padrão para a resolução de problemas políticos no país. A guerra civil de 1948-1956 matou 300 mil pessoas e criou 2 milhões de refugiados internos. Ela acabaria do mesmo modo que a Guerra dos Mil Dias, com um armistício sem vencedores; a população civil foi sua principal vítima.

O 9 de abril de 1948 (considerado o dia do início da guerra civil e sua espiral de barbárie) é hoje lembrado por muitos colombianos como a data em que a modernização pela qual a Colômbia vinha passando (acompanhando uma tendência da América Latina) foi abortada.

Até hoje muitos colombianos se perguntam "e se Gaitán não tivesse sido morto?", convictos de que ele teria sido eleito e feito um governo mesclando os anseios sociais com a promoção da industrialização, convictos de que não haveria ocorrido a guerra e que o país teria tomado outros rumos, pois suas reformas preveniriam a radicalização de parte da classe trabalhadora e a existência de grupos de esquerda favoráveis à luta armada. "Se Gaitán não tivesse sido morto, não haveria as Farc, nem paramilitares" – acreditam. Difícil saber.

AS FARC E OS DEMAIS GRUPOS GUERRILHEIROS

A Colômbia foi uma das poucas nações latino-americanas onde a guerrilha dita de esquerda sobreviveu após a década de 1960 e, ao mesmo tempo, a única onde a guerrilha se consolidou, mas (até 2017) não se tornou um projeto de poder alternativo no sentido de que não chegou a se transformar em um partido político (como outros grupos guerrilheiros em outros países). Vejamos como isso aconteceu.

Em 1953, num país ainda convulsionado pela guerra civil, ocorreu o único golpe de Estado na Colômbia em todo o século XX. Esse golpe levaria a uma ditadura militar comandada pelo general Rojas Pinilla. Com a queda de Laureano Gómez, quase a totalidade dos grupos armados cansados da guerra deram-se por satisfeitos e entregaram suas armas ao governo.

No entanto, o conflito se reascendeu porque, em 1955, Pinilla decidiu liquidar os grupos que ainda não haviam se rendido à autoridade do novo governo. O general-presidente chegou a bombardear com napalm regiões controladas pelos liberais, enquanto ofereceu anistia aos *pájaros*. Boa parte da população, apavorada com a retomada dos combates, foi buscar refúgio nas zonas dominadas por partidários dos liberais.

Em 1958, quando o pior já tinha passado, Pinilla foi forçado a renunciar pressionado pelos líderes dos dois partidos, Liberal e Conservador, que perceberam que ele não só não tinha nenhuma pressa de devolver o poder aos civis como desejava criar uma base de poder independente dos partidos existentes.

Nesse mesmo ano, conservadores e liberais fizeram um pacto de alternância no poder, chamado Frente Nacional (1958-1986), unidos pelo anticomunismo típico da Guerra Fria. Desse modo, ambos tentavam enquadrar a população em um modelo político no qual reivindicações por reformas estruturais mais profundas passaram a ser tratadas como um ato de subversão.

Paradoxalmente, a Colômbia passou a se destacar na América do Sul por sua estabilidade institucional e econômica. A liberdade de expressão raramente foi suspensa e, no plano econômico, se notabilizou por um liberalismo austero, nunca passando por sobressaltos como surtos de hiperinflação e crises da dívida externa.

O país também não teve a infelicidade de passar por uma ditadura militar longa como quase todos os seus vizinhos sul-americanos. No entanto, a Frente Nacional limitou a atuação política a somente dois partidos e dividiu igualitariamente todos os cargos públicos em governos de coalizão, excluindo oficialmente do jogo político muitos indivíduos ideologicamente à esquerda. Com isso, vários destes, inspirados pela Revolução Cubana e o comunismo, não viram outra saída que não a luta armada contra o governo como forma de assumir o poder.

Assim, nasceram, em 1965, o Exército de Libertação Nacional (ELN); em 1966, as Forças Armadas Revolucionárias da Colômbia (Farc); em 1967, o Exército Popular de Libertação (EPL); e, em 1974, o Movimento 19 de Abril (M-19) – todos eles grupos guerrilheiros.

O ELN foi formado por jovens universitários de classe média que pretendiam ser a vanguarda revolucionária que canalizaria a frustração dos camponeses e, com seu apoio (mas não participação), pretendiam chegar ao poder. Influenciado pela Teologia da Libertação, considerava (e considera) o padre e sociólogo Camilo Restrepo e o também padre Manuel Perez seus principais ideólogos. Apesar disso, a ELN sempre teve nos sequestros e na extorsão sua principal fonte de renda. No final dos anos 1970, sabotando a infraestrutura da região petroleira, passou a cobrar das companhias o chamado "imposto de guerra". Seus guerrilheiros começaram a fazer o mesmo em relação à rede elétrica, cobrando uma taxa para religá-la. Devido à sua origem urbana, o ELN sempre esteve mais preocupado com a política que com a reforma agrária, diferentemente das Farc. Outra distinção em relação às Farc é que o ELN jamais se envolveu com o narcotráfico, prática curiosamente condenada pelo padre Perez, que não parecia ter os mesmos pudores em relação às outras atividades criminosas já citadas. (O ELN entraria em negociações com o presidente Betancur para depor suas armas nos anos 1980, com Samper e Pastrana na década seguinte e com Uribe nos anos 2000. Mas só chegaria a um acordo com o Estado com o mesmo presidente que negociaria a paz com as Farc, Juan Manuel Santos, em 2017.)

Já as Farc, a guerrilha colombiana hoje mais famosa, nasceram na chamada "República de Marquetália", um enclave comunista na província de Tolima, cujos combatentes se recusaram a depor as armas na época da queda de Laureano Gómez e se negaram a reconhecer as novas autoridades do Estado colombiano. Em 1964, o governo lançou contra esse enclave a operação Soberania. A resistência guerrilheira foi feroz mesmo em inferioridade numérica e obviamente militar. Os três líderes da comunidade – Jacobo Arenas, Manuel Marulanda e Ciro Castaño – conseguiram fugir acompanhados de milhares de famílias camponesas. Em 5 de maio de 1966, um grupo de apenas 20 guerrilheiros originários da "República de Marquetália" criou as Farc. Inicialmente, esse grupo alcançou grande popularidade ao abraçar a causa da reforma agrária e da defesa dos pequenos camponeses.

De todos os grupos guerrilheiros fundados nos anos 1960, o EPL (uma dissidência das Farc) era o mais extremista e pregava a tomada do poder pelos camponeses, seguindo a escola maoísta. Na Colômbia da metade do século XX, muitas famílias camponesas migravam fugindo da violência e criavam associações colonizadoras, mas tinham tremenda dificuldade em conseguir títulos de propriedade das terras que ocupavam. Com fortes contatos políticos, grandes proprietários buscavam apropriar-se das terras que os camponeses haviam desbravado e cultivado, expulsando as famílias camponesas para bem longe. A coesão dos grupos camponeses vinha das experiências em comum de uma vida precária e de suas raízes no campo; muitos deles eram alfabetizados por militantes do EPL nos acampamentos que criavam quando em fuga, onde também aprendiam rudimentos do maoísmo (que pregava a revolução camponesa). Em 1975, o EPL abandonou o maoísmo e adotou a linha stalinista do Partido do Trabalho da Albânia. Assim como as Farc, o grupo aos poucos foi abandonando seus ideais políticos e associando-se com o narcotráfico, além de bancar-se por meio de sequestros e extorsões. (O grupo iniciaria negociações com o governo para sua desmobilização nos anos 1990. Hoje ainda há uns poucos guerrilheiros, no departamento de Santander, que se identificam como membros do EPL.)

O M-19 surgiu na década de 1970 como uma versão urbana das Farc, composto por jovens estudantes. Seu nome tem origem na revolta popular contra a eleição considerada fraudulenta de Misael Pastrana Borrero em 19 de abril de 1970. Em 1974, o grupo fez sua estreia na política colombiana furtando a espada de Simón Bolívar, que se encontrava na casa em Bogotá hoje transformada em museu. (O M-19 renunciaria definitivamente à luta armada apenas em março de 1990. Uniu-se então a diversos grupos pequenos, formando a Aliança Democrática M-19, um partido que, na primeira eleição que disputou, conquistou 19 cadeiras na Assembleia Constituinte. Em abril do mesmo ano, Carlos Pizarro León-Gómez, seu líder e candidato a presidente, foi assassinado, sendo substituído por Antonio Wolf, terceiro colocado no pleito. Foi o auge do M-19, que desde então perdeu força política.)

*

Segundo vários estudos acadêmicos, como o de Daniel Pecaut, os motivos que levavam um indivíduo a ingressar na guerrilha eram: a familiaridade (conviver com guerrilheiros desde muito jovem), o desemprego, o prestígio da farda, conflitos familiares e a busca por regras e hierarquia (especialmente por aqueles oriundos de lares desfeitos). Entre os guerrilheiros colombianos havia também muitas mulheres. Por exemplo, dos membros das Farc, cerca de 40% eram mulheres. Assim que ingressavam no grupo, buscavam arrumar um namorado, que seria seu protetor. Todos os comandantes tinham as suas *consentidas* ("favoritas"), que eram intocáveis para os demais guerrilheiros. Em caso de gravidez, as guerrilheiras eram obrigadas a abortar, e quando raramente obtinham permissão para ter o bebê, eram obrigadas a dá-lo para adoção.

A luta armada na Colômbia surgiu com a sensação de derrota causada pela morte de Gaitán e de tudo o que esse representava, mas a resposta do governo às reivindicações populares por mudanças foi catastrófica. Nos anos 1960 e 1970, ele não quis dialogar, e permitiu e incentivou que civis de direita criassem os chamados "grupos de autodefesa", que, na prática, cometiam assassinatos seletivos de camponeses, estudantes e operários. Era óbvio que, ao delegar a terceiros a tarefa de lidar com as guerrilhas, as coisas tinham grande chance de saírem do controle. E saíram.

Aproximação com o narcotráfico

No final dos anos 1970, a Colômbia passava por uma onda de desemprego em uma economia excessivamente centralizada e pouco diversificada. Cinco por cento da população era proprietária de metade das terras e recebia do governo metade do investimento nacional. Esses proprietários detinham o poder político e econômico e governavam para si, tratando o Estado como um empreendimento particular.

Em razão do desemprego, pipocaram greves em vários setores da economia. A situação de guerra civil que se alastrava no campo com a ação dos grupos armados passou a se tornar cada vez mais clara para a população da zona urbana, até então em geral alienada dos confrontos que ocorriam nas regiões mais distantes. Também nas cidades, começaram a proliferar os detidos, torturados e desaparecidos, assim como esquadrões da morte como a Aliança Anticomunista Americana.

Enquanto isso, as guerrilhas se animavam com a vitória sandinista na Nicarágua, acreditando ser possível derrotar o Estado por meio da luta armada. O ELN transferiu-se para a zona petrolífera e de garimpo cobrando "pedágios", extorquindo e sequestrando para financiar sua causa. A partir de 1982, as Farc seguiriam o mesmo caminho, mas buscando o lucro por meio do domínio militar da região cocaleira, cobrando participação nos lucros disfarçada de "pedágio" e controlando o movimento de pessoas dentro de suas zonas de operação.

Por muitos anos, as Farc recusaram-se a admitir o envolvimento direto com o narcotráfico, mas a verdade é que a guerrilha passaria a ter participação ativa na produção e exportação de cocaína, além de também lançar mão de sequestros e extorsões.

Nos anos 1980, os cafeicultores viram seu poder diminuir com a ascensão do petróleo como principal produto de exportação legal, e da cocaína como ilegal. Esta última, em 1982, representava 30% das exportações colombianas.

Para lavar o dinheiro, muitos narcotraficantes adquiriram fazendas de café e gado e se aproximaram de grupos paramilitares de direita numa aliança de proteção mútua. Chamados de autodefesa, os grupos paramilitares passaram a ser fundamentais no avanço do poder do narcotráfico. Seus líderes mais destacados nessa época eram os irmãos Carlos e Fidel Castaño. Aliados aos fazendeiros, esses grupos paramilitares começaram fazendo o "trabalho sujo" para eles. Mais tarde, passariam a disputar as rotas do tráfico com os guerrilheiros.

E como as guerrilhas ditas de esquerda se envolveram com o narcotráfico? Na mesma época, outros traficantes se aproximaram dos grupos guerrilheiros, especialmente o das Farc, comprando inicialmente sua proteção e, depois, tornando-os seus sócios no tráfico real. Nesse processo, as Farc se corromperam. A princípio, cobravam dos traficantes um "pedágio" para passar por seu território, mas depois acabaram por se envolver em todas as etapas do tráfico. O grupo cairia no descrédito ao escorregar para um banditismo comum, deixando em segundo plano seus ideais revolucionários.

Belisario Betancur, eleito em 1982, foi o primeiro presidente a tentar negociar com as guerrilhas. Contudo, não recebeu apoio nem dos EUA, que temiam que a Colômbia se tornasse uma "nova Nicarágua", e nem interno, pois o Congresso infiltrado por políticos financiados por traficantes e paramilitares não tinha o menor interesse em negociar coisa alguma. Com o início da reabertura política, o M-19 e o EPL depuseram as armas assim como parte do ELN, como vimos.

Foi em 1984 que o M-19 iniciou conversações com Betancur. No entanto, os militares inconformados com a decisão do presidente decidiram formar esquadrões da morte e assassinar vários guerrilheiros indultados pelo governo, entre eles, Carlos Toledo Plata, um dos fundadores do Movimento. O assassinato de Plata foi o estopim para que o M-19 retomasse a luta armada.

Assim, em 6 de novembro de 1985, o M-19 invadiu o Palácio de Justiça que ficava a uma quadra do Palácio Presidencial. A população assistiu estupefata pela TV o sequestro de 350 pessoas entre magistrados, servidores, empregados e visitantes e também a truculenta intervenção do Exército. No dia seguinte, as forças do governo retomaram o controle do edifício. O saldo final da operação foi de cem mortos e o desaparecimento de onze funcionários que haviam testemunhado as execuções sumárias cometidas dentro do Palácio da Justiça. (Vinte e cinco anos depois, o coronel Alfonso Plazas Veja, comandante da operação de retomada do Palácio, seria condenado a 30 anos de prisão pela morte e desaparecimento de civis no prédio. Em 2015, no entanto, em novo julgamento acabou absolvido.) Apesar de séries de TV e ex-sicários de Escobar dizerem que *El Patrón* financiou a tomada do Palácio da Justiça para pressionar Betancur e fazer desaparecer os processos contra pessoas do seu Cartel, membros sobreviventes do M-19 negam categoricamente que estivessem a serviço dele.

As Farc, por sua vez, criaram a União Patriótica (UP), partido político projetado para ser o braço das Farc capaz de preparar o terreno para a futura deposição das armas pelo grupo e sua entrada pela porta da frente na política institucional. Em 1988, a UP elegeu 23 prefeitos e 256 vereadores. Mas o gosto do triunfo não durou: em pouco tempo, seus membros e simpatizantes começaram a ser simples-

Marcados pela violência | 187

Marcha contra as Farc em Medellín em fevereiro de 2008.

mente exterminados. A direita nunca havia engolido as tentativas de negociação de Betancur e a entrada das Farc para a vida política via UP foi considerada um insulto por militares e políticos conservadores. Em cinco anos, 500 pessoas entre membros do partido UP, líderes comunitários e, sobretudo, camponeses foram mortos por paramilitares.

Como vimos no capítulo sobre o narcotráfico, em agosto de 1989, Pablo Escobar mandou matar o candidato do Partido Liberal à presidência, Luis Carlos Galán. Mais tarde, outros dois candidatos ainda seriam mortos, não por Escobar, mas pelos irmãos Castaño, paramilitares ligados a narcotraficantes que aproveitaram a onda de violência para impor sua agenda: em 22 de março de 1990, Bernardo Jaramillo Ossa foi baleado no saguão do aeroporto de Bogotá; em 26 de abril, o ex-membro do M-19 e que na época já atuava pelas vias democráticas, Carlos Pizarro, foi metralhado em um avião em pleno voo por sicários a mando dos Castaño.

Com isso, as Farc, que nunca abandonaram a tática dos sequestros, os intensificaram como seu principal meio de financiamento. Em 1982, na sua Sétima Conferência, haviam tomado duas decisões importantes: primeiro, realizar sequestros de membros da burguesia (seus inimigos declarados, segundo eles) e acrescentar à sua sigla as letras EP (Exército do Povo). Os sequestros serviram para aprimorar a guerrilha, uma vez que demandavam logística e mobilidade contínua de um cativeiro a outro. Politicamente, os sequestros tinham o objetivo de pressionar o Estado e demonstrar sua fragilidade perante a opinião pública. Fazer como reféns personalidades da vida pública colombiana necessariamente forçava a sociedade a debater a questão das Farc para que ela não fosse esquecida. É importante lembrar que as guerrilhas colombianas atuavam, sobretudo, na selva, distante das populações das grandes cidades que só ouviam falar de seus feitos quando estes eram midiáticos. (De acordo com dados obtidos em um relatório chamado "Uma verdade sequestrada", cobrindo o período de 1970 a 2010, as Farc estiveram envolvidas em 9.447 sequestros, sendo 3.325 assumidos pelo grupo. Entre 1996 e 2000, mais de 500 políticos colombianos foram sequestrados, levando as Farc às manchetes internacionais. Foi um flagelo não apenas para as classes política e empresarial, mas para toda a sociedade.)

Com a guerrilha muito bem armada pelos milhões do narcotráfico e a Colômbia passando pela maior recessão desde os anos 1930, o que poderia fortalecer um discurso radical, muitos se perguntaram se as Farc não estavam próximas de chegar à Presidência da República. A classe política parece ter tido essa mesma percepção e resolveu negociar com os guerrilheiros a partir de 1998.

Los desplazados:
a maior população de refugiados internos do mundo

A Organização das Nações Unidas (ONU) define assim as vítimas do deslocamento forçado: "[são deslocadas] pessoas ou grupo de pessoas obrigadas a fugir ou abandonar suas casas como resultado de um conflito armado, situações de violência generalizada e/ou violações de direitos humanos. Em geral, os efeitos do deslocamento forçado vão muito além das perdas territoriais, pois afetam direitos fundamentais".

Entre 1985 e 2012, o deslocamento forçado em razão da violência na Colômbia afetou mais de 5 milhões de pessoas, o que equivale a mais de 925 mil famílias, ou mais de 10% da população colombiana. O deslocamento forçado continua a ocorrer nos dias de hoje.

A principal forma de deslocamento segue sendo a rural-urbana, mas também surgiram nos últimos tempos os deslocados entre cidades, geralmente devido a ameaças de grupos de extermínio ou do tráfico. Os principais destinos dos refugiados internos são as cidades de Bogotá, Medellín, Cali e Barranquilla.

Nos centros urbanos, essas pessoas passam a atuar na informalidade como camelôs ou ambulantes e se instalam nas periferias das cidades, muitas vezes em barracos nas encostas dos morros, construídos sem autorização municipal. Em outras palavras: favelas, que os colombianos chamam de *comunas*. Geralmente, essas pessoas foram expulsas de locais considerados estratégicos pelas guerrilhas ou pelos paramilitares, ou de regiões de passagem de tráfico de armas e drogas ou ainda de territórios ricos em recursos energéticos e minerais.

Diante da massa de refugiados internos instalados nas cidades grandes, o governo colombiano procurou criar programas para reintegrar os deslocados, como os de geração de renda. As ações governamentais, nesse sentido, ocorrem desde os anos 1980, mas os primeiros programas massivos vieram a partir de 2000. Contudo, alguns críticos dizem que "sair da miséria para entrar na pobreza" não resolve muito a vida dos refugiados. Além disso, muitos, por terem tido que fugir às pressas ou terem tido suas casas incendiadas, não possuem quaisquer documentos e assim não têm acesso ao sistema de saúde, direito a voto ou emprego formal. Sem que possam exercer plenamente sua cidadania, estarão condenados à marginalização social.

Outro horror marcante da guerra que envolve exército, guerrilheiros, paramilitares e narcotraficantes são as minas antipessoais, que mutilam centenas de pessoas todos os anos. Até 2017, mais de 11 mil pessoas sofreram acidentes com minas, tendo sido o ano de 2006 o pior, com 1.232 vítimas. Cerca de 20% daqueles que acidentalmente pisam em uma mina acabam morrendo e 80% perdem as pernas ou a visão e audição.

Um Estado dentro do Estado

Andrés Pastrana chegou à presidência em 1998, numa época em que a Colômbia parecia estar na contramão do restante da América Latina: os governos de El Salvador, Guatemala e Peru já haviam assinado acordos de paz ou de rendição (no caso deste último) com suas respectivas guerrilhas. Para tentar mudar a situação, Pastrana, num gesto de boa vontade, retirou Exército e policiais, sistema Judiciário e funcionalismo público de uma área do território de tamanho comparável ao da Suíça. Explicando melhor: naquele momento do conflito armado, que havia se tornado uma guerra pelo domínio do tráfico de drogas entre guerrilheiros e paramilitares, o presidente Andrés Pastrana tentou uma negociação de paz com as Farc e, como garantia para os negociadores da guerrilha, retirou toda a força pública de três municípios do Meta e um de Caquetá, na região do rio Caguán, em 7 de novembro de 1998. A área desmilitarizada de 42 mil quilômetros quadrados foi chamada de "zona de distensão", em uma situação que originalmente deveria durar seis meses. Pastrana fez isso para mostrar que dessa vez o governo falava sério e propôs em troca a assinatura de um acordo de paz. Isso permitiria aos líderes das Farc mostrar algo de concreto para seus soldados.

Em novembro de 1998, foi agendada uma cerimônia para a assinatura do acordo, mas, num episódio conhecido como "a cadeira vazia", o número 1 das Farc, Manuel "Tirofijo" Marulanda, simplesmente não compareceu, deixando o presidente Pastrana derretendo em um pequeno palanque sob o sol escaldante de Caquetá.

Em pouco tempo, na verdade alguns meses depois, 80% das áreas controladas pelas Farc estavam cobertas de plantações de coca, e a região se tornou base para ataques ao Exército e ao Estado em todo o país. O território desmilitarizado por iniciativa do governo somou-se ao que já era controlado pela guerrilha e tornou-se, nas mãos das Farc, um país à parte dentro da Colômbia, "um Estado dentro do Estado". Os guerrilheiros praticavam seus sequestros e extorsões e, depois, se refugiavam tranquilamente em seu novo santuário. O período da existência da zona de distensão "coincide" com a massificação dessa tática. As Farc anunciaram, nas cercanias da região que dominam, que qualquer um que possuísse um patrimônio acima de um milhão de dólares deveria pagar uma taxa de 10% de sua fortuna por ano para não ser vítima de sequestro. Como as Farc eram poderosas em uma região historicamente desassistida pelo Estado, muitos dos habitantes locais mais pobres se identificavam com o discurso de reforma agrária e consideravam os guerrilheiros mais confiáveis que o Estado.

Após uma polêmica extensão de sua validade e vários relatórios de atividades ilegais na zona de distensão, em 20 de fevereiro de 2002, quase quatro anos depois, Pastrana declarou que o processo falhara e que a zona de distensão estava extinta e que a guerrilha tinha até a meia-noite para sair da área. Três dias após esse anúncio, a senadora e candidata à presidência Ingrid Betancourt foi sequestrada quando se deslocava justamente para San Vicente del Caguán, a capital da "Farclândia", como a região era ironicamente chamada pelos críticos do governo.

O fato de Betancourt possuir nacionalidade francesa deu ao caso repercussão mundial. As Farc foram incluídas na lista de grupos considerados terroristas pela União Europeia e até o papa João Paulo II fez um apelo por sua libertação. (Ingrid Betancourt sofreria no cativeiro até 2 de fevereiro de 2008, quando foi libertada após uma operação surpreendente na qual agentes infiltrados do Exército colombiano conseguiram convencer o comando das Farc a transferir os reféns para outro acampamento; em pleno voo, esses agentes anunciaram aos reféns sua libertação. Com exceção de alguns fanáticos esquerdistas, praticamente o mundo todo aplaudiu.)

Pastrana, humilhado pelas Farc, só tinha como trunfo a aprovação pelo Senado norte-americano do plano de ajuda militar que em 15 anos injetou 7,5 bilhões de dólares no país para combater o narcotráfico, o Plano Colômbia. O presidente Bill Clinton, em final de mandato, citara a Colômbia no seu discurso sobre o Estado da União. O plano havia sido aprovado nos EUA, fazendo da Colômbia o terceiro país que mais recebeu ajuda militar norte-americana depois de Israel e Egito. Ele foi considerado importante pelos norte-americanos, porque seus conterrâneos são os maiores consumidores de cocaína do mundo e, para a administração Clinton, era importante impedir que a coca chegasse ao seu país.

A principal crítica interna foi que o governo colombiano assumia a visão norte-americana do problema, ou seja, de que se tratava apenas de uma guerra contra o narcotráfico, e que o objetivo dessa guerra era tão somente impedir que a cocaína chegasse aos EUA. O fato de ter suas origens na questão agrária e de que suas consequências iam muito além da ampliação do narcotráfico, envolvendo também os refugiados internos e aumento da criminalidade urbana, foi desconsiderado.

Em resumo, depois do sequestro de Ingrid Betancourt, ocorreu o rompimento de toda e qualquer negociação de ambas as partes: as Farc se aproveitaram do território que lhes fora cedido para seguir atacando o Estado colombiano e este resolveu se rearmar, buscando ajuda norte-americana para o reinício dos combates.

ÁLVARO URIBE: A MÃO PESADA

A arrogância das Farc e o fracasso de mais uma negociação de paz fizeram a maioria da população colombiana apostar em um político de Antioquia conservador e quase desconhecido que propunha derrotar definitivamente as Farc pela força das armas, Álvaro Uribe. Uribe chegou à presidência da República em 2002 e exerceu o cargo até 2010 com enormes índices de aprovação.

Em seus discursos convincentes, dizia ter razões pessoais para combater as Farc: segundo alardeava, essa guerrilha havia matado seu pai na década de 1980.

Quando Uribe chegou ao poder, os ventos eram favoráveis ao uso de medidas repressivas. No ano anterior, haviam ocorrido os atentados de 11 de setembro às Torres Gêmeas em Nova York e o presidente norte-americano George W. Bush lançara sua campanha chamada "Guerra ao Terror". Uribe se aproveitou do clima bélico e passou a classificar os membros do ELN e das Farc com o termo da moda: "terroristas". Passou a encarar o conflito como uma guerra sem tréguas, que não admitia acordos e que só teria fim com a rendição total do inimigo. Além disso, canalizou quase todos os recursos do Plano Colômbia para fins militares. Uribe e Bush se aproximaram tornando-se amigos e compartilhando histórias em comum de ranchos e criação de gado.

Uribe parecia de fato estar empenhado em mudar a situação do país a qualquer custo. Além de bombardear acampamentos guerrilheiros localizados no Equador (em 2008), sua administração promoveu a desmobilização de paramilitares praticamente sem puni-los por seus crimes – algo visto como um grande escândalo pela maioria da população. Em 2005, Uribe criou a Lei de Justiça e Paz, que procurava anistiar e reinserir paramilitares das AUC (Autodefesas Unidas da Colômbia) na sociedade se confessassem seus crimes, entregassem suas armas e prometessem não voltar à luta armada. Essa lei acabou se mostrando um tremendo tiro no pé, pois, quando os paramilitares confessavam seus crimes (massacres de civis em sua maioria), causavam tamanho horror à opinião pública que era difícil para Uribe pagar o alto preço político de estabelecer "penas alternativas" para tais atrocidades.

Encontro oficial realizado em 2008, no palácio presidencial em Bogotá, entre Álvaro Uribe, Juan Manuel Santos (ministro da Defesa colombiano à época), almirante Michael G. Mullen, chefe do Estado-Maior das Forças Armadas dos EUA, e William Brownfield, embaixador americano na Colômbia. Os dois países mantinham políticas alinhadas na gestão Uribe.

Além disso, mesmo com a prometida mão leve do Estado, muitos paramilitares se recusaram a se desmobilizar e, a partir de 2006, criaram as *Bandas Criminales* (Bacrim), "Grupos Criminosos", dedicadas ao tráfico, extorsão e ao contrabando sem recorrer às justificativas ideológicas de décadas passadas.

Hoje, há cerca de cinco desses grupos com presença em mais de 200 municípios colombianos. Essas milícias, presentes nas periferias, atuam principalmente cobrando taxas de "proteção" a comerciantes locais, infiltrando-se na polícia e na administração pública, e envolvendo-se com o narcotráfico, tanto local quanto internacional.

Em 2008, estourou outro escândalo na administração Uribe, conhecido como "Os casos dos falsos positivos". Na guerra contra as Farc, os comandantes militares sofriam pressão do governo para que apresentassem resultados concretos sob risco de serem impedidos de conduzir novas operações. Além disso, o governo oferecera 4 milhões de pesos por cada guerrilheiro morto. Assim, numa manipulação cruel e sinistra, muitos militares passaram a inflar o número de baixas impostas ao inimigo matando civis inocentes que depois eram vestidos como guerrilheiros. Em seguida, convocavam a imprensa para registrar mais uma "vitória de Uribe". São famosas em Bogotá as histórias de desaparecimento de moradores de rua que, dias depois, "misteriosamente" surgiam mortos numa cidade qualquer a 400 quilômetros de distância vestidos como guerrilheiros.

A farsa que favorecia militares e aumentava a popularidade do governo começou a ser desmascarada com as notícias da morte de 19 jovens em Soacha, localidade próxima a Bogotá, e em Ciudad Bolívar, a maior favela da capital. Os jovens foram atraídos pelos militares com promessas de emprego em fazendas, ganharam dinheiro para vestir fardas militares e em seguida foram executados. Depois do caso de Soacha, várias outras denúncias de ocorrências semelhantes surgiram por todo o país.

O escândalo teve repercussão internacional, e a Colômbia recebeu a condenação aberta da ONU, da Human Rights Watch e da Anistia Internacional. A Justiça Colombiana foi obrigada a se mexer e contabilizou 946 casos de "falsos positivos" no país, que levariam mais de 40 militares para a prisão.

A PAZ, ENFIM?

Em 2010, Juan Manuel Santos, ex-ministro da Defesa de Álvaro Uribe, venceu as eleições presidenciais. Apesar de se apresentar muitas vezes como um continuador da agenda de Uribe, logo em seu primeiro ano de mandato, Santos redefiniu a política externa, normalizando as relações com Equador e Venezuela e aproximando-se de vizinhos importantes como Peru e Chile. Internamente, promulgou a Lei de Reparações que beneficiou cerca de 4 milhões de pessoas que haviam sofrido deslocamentos forçados com indenizações e com a devolução de terras tomadas a partir de 1991. Essa lei foi um primeiro e importante passo para tentar compensar a violência de um longo e devastador conflito.

Em março de 2011, Santos começou as negociações de paz com as Farc que levariam finalmente o grupo ao desarmamento. (Por essa iniciativa, em 2016, Santos ganharia o prêmio Nobel da Paz.)

Posse do segundo mandato de Juan Manuel Santos como presidente da Colômbia, em 7 de agosto de 2014, dois anos antes de receber o Nobel da Paz.

Em 2012, representantes do governo e das Farc começaram a dialogar, em Havana e em Oslo. Os principais pontos das conversações foram a necessidade de uma reforma agrária que beneficiasse o pequeno produtor, a possibilidade de participação política dos guerrilheiros que abandonassem as armas, a desmobilização e desarmamento total da guerrilha e a aplicação de punições a responsáveis por crimes contra os direitos humanos.

O governo tinha pressa, pois temia que, se as negociações não apresentassem resultados logo, poderia ocorrer com as Farc um fenômeno similar ao das Bacrim: o surgimento de grupos sem uma liderança e sem propostas políticas com as quais se pudesse negociar.

Santos sofreu a oposição de grupos políticos que o ajudaram a chegar ao poder e das Forças Armadas (que argumentavam que o acordo proposto por Santos seria, na verdade, uma espécie de anistia aos membros das Farc), mas, com apoio do Congresso, em 26 de setembro de 2016, conseguiu firmar a paz com a guerrilha na cidade de Cartagena após 52 anos de conflitos armados, 260 mil mortos e 5 milhões de deslocados internos. Na data, estavam presentes o então secretário de Estado norte-americano John Kerry e o ex-primeiro-ministro espanhol Felipe González. Foi uma cerimônia emotiva, em que todos vestiram branco e na qual 200 vítimas do conflito, representando todas as partes do país, participaram. As Farc finalmente aceitaram a paz proposta, porque estavam muito enfraquecidas politicamente. A maior parte da opinião pública colombiana, nesse momento, via o grupo não mais como um movimento que buscava a justiça social (ainda que por meio da luta armada), mas como um bando de bandidos, narcotraficantes e sequestradores. A romantização da guerrilha não funcionava mais no século XXI; não atraía mais voluntários e os alistamentos forçados que começaram a fazer só pioraram a sua imagem.

Para o domingo seguinte, estava agendado um plebiscito no qual o povo colombiano deveria referendar o acordo. O que veio em seguida foi um tremendo balde de água fria para o governo. Por uma diferença de 60 mil votos e índice de abstenção de 60% o "não" (50,2%) venceu o "sim" (49,7%). Para quem só acompanhava à distância, a vitória do "não" parecia incompreensível. Como os colombianos poderiam dizer "não" à paz? "Não" ao fim de uma guerra que já fizera sofrer a tanta gente?

O que ocorreu foi que a oposição ao acordo, liderada pelo ex-presidente Uribe, soube criticar muito bem alguns pontos do documento, como a garantia de cinco cadeiras na Câmara e no Senado para ex-militantes das Farc pelos dois ciclos eleitorais seguintes e a promessa de que os ex-guerrilheiros pudessem cumprir penas alternativas por seus crimes. Muitos colombianos convenceram-se de que, mais que um estímulo para que a guerrilha abandonasse as armas e passasse a atuar pelas vias democráticas, o acordo parecia ser um prêmio para o grupo, uma vitória obtida com anos de ações violentas, o cúmulo da impunidade. As redes sociais na Colômbia ferveram com boatos e declarações de que o acordo era o primeiro passo para que o "castro-chavismo" se instalasse no país. Vale lembrar que a Colômbia nunca teve um governo de esquerda em sua história e boa parte da população se orgulha disso. O âmbito das discussões políticas no país sempre se deu entre o centro e a direita, uma vez que, para a maioria dos colombianos, a esquerda está indissociavelmente ligada à guerrilha.

Como um alento, cinco dias depois de derrotado no plebiscito, Juan Manuel Santos foi laureado com o prêmio Nobel da Paz. Foi um importante sinal da comunidade internacional de que o mundo estava observando o que acontecia no país e um incentivo para que o governo não desistisse do plano de paz. Em seu discurso, Santos declarou: "Num momento em que nosso barco parecia à deriva, o prêmio foi o vento de popa que nos impulsionou a chegar ao nosso destino: o porto da paz."

Ao retornar a seu país, teve que ceder. Em negociações com o líder das Farc Rodrigo Londoño Echeverri, o "Timochenko", alterou alguns pontos do acordo anterior e incluiu limitar o tempo de duração dos tribunais especiais para agilizar os processos e exigir que as Farc entregassem um inventário completo de seus bens obtidos por meios ilícitos e que esses bens fossem colocados à disposição da Justiça para pagar indenizações às vítimas da guerrilha. Contudo, foram mantidas as penas alternativas à prisão e a permissão para que quaisquer guerrilheiros, mesmo que estivessem respondendo a processos criminais, concorressem à Câmara e ao Senado nas eleições.

No dia 30 de novembro de 2016, por unanimidade, o Senado aprovou o novo acordo. Finalmente, no dia 27 de junho de 2017, uma missão de paz da ONU recebeu dos guerrilheiros todas as suas 7.132 armas, entre fuzis, pistolas e lança-granadas, que foram acondicionadas em mais de 900 contêineres. Com isso, os 6.803 homens e mulheres membros da Farc se comprometeram, a partir daquela data, a abandonar para sempre a luta armada, encerrando assim uma das mais longas guerras civis da história.

Depois de tantos anos de lutas, de tantos mortos e de tantos prejuízos humanos e materiais ao país, a população deseja sossego, mesmo que considere alto o preço a pagar por ele.

CONSIDERAÇÕES FINAIS

Há analistas que dizem que a Colômbia é um país indecifrável. O professor David Bushnell, patriarca dos "colombianistas" norte-americanos, dizia que a Colômbia era o país latino-americano menos compreendido de todos. Há várias características que tornam esse país um ponto fora da curva na América Latina. Os colombianos não conheceram em seu país uma forte imigração europeia, não sofreram ditaduras militares a partir da década de 1960, nem revoluções de cunho social, como mexicanos, cubanos ou nicaraguenses. Também não passaram pelo fenômeno populista da década de 2000, como Brasil, Argentina, México e Venezuela. Gaitán talvez fosse esse líder, mas foi morto antes de chegar ao poder. Assim, é difícil encaixar a Colômbia em teorias prontas e vindas de fora. É difícil compreender o país por meio da "teoria da dependência", da "substituição de importações" ou do "desenvolvimentismo", explicações que não se encaixam completamente na sua trajetória.

Jorge Eliécer Gaitán disse certa vez: "O povo é superior aos seus dirigentes." Essa frase chegou a estar impressa na cédula de mil pesos, que trazia a figura desse político, o que mostra que o ceticismo em relação aos governantes já é algo institucionalizado por lá. Os colombianos se unem com muito mais entusiasmo em torno de seus artistas e esportistas do que de seus políticos (não muito diferente dos brasileiros, aliás). Contribuem ainda para uni-los a Constituição de 1991 (chamada de "Constituição cidadã"), um governo estável, ainda que longe da perfeição, e a infraestrutura de comunicação e transportes finalmente consolidada no século XXI.

O aspecto mais admirável do povo colombiano é seu desenvolvimento cultural diverso, complexo e original. Pois não existe uma única Colômbia, mas várias. Seus habitantes falam a mesma língua, mas têm culturas, hábitos e estilos de vida tão distantes como se fossem quatro povos em um só país. Porém, apesar de todas as dificuldades e desafios que apresentamos neste livro, os colombianos têm conseguido se manter unidos. E só o fato de terem conseguido isso já é motivo de admiração.

BIBLIOGRAFIA

ARANA, Marie. *Bolívar*: o libertador da América. São Paulo: Três Estrelas, 2015.
ARENAS, Jacobo. *Cese el fuego*: una historia política de las Farc. Bogotá: La Oveja Negra, 1985.
BENAVIDES, O. Hugo. *Drugs, Thugs and Divas*: Telenovelas and Narco-Dramas in Latin America. Austin: University of Texas, 2008.
BETHELL, Leslie (org.) *História da América Latina*. São Paulo: Edusp, 1997.
BOHÓRQUEZ, Juan Camilo Díaz; HAMMAN, Alejandra. "Una mirada al cine colombiano". *Revista Razón y Palabra*. Ciudad de México, 2012.
BORDA, Sandra; TICKNER, Arlene. *Relaciones Internacionales y Política Exterior de Colombia*. Bogotá: Universidad de Los Andes, 2011.
BORGES, Fábio. "Um balanço das relações Brasil e Colômbia: desconfianças e convergências". *Paiaguás: Revista de Estudos sobre Amazônia e Pacífico*. v. 2, 2015.
BRAUN, Herbert. *The Assassination of Gaitán*: Public Life and Urban Violence in Colombia. Madison: University of Wisconsin, 1985.
BRITTAIN, James. *Revolutionary Social Change in Colombia*: the Origin and Direction of the Farc-EP. New York: Pluto Press, 2010.
BUSHNELL, David. *Colombia*: una nación a pesar de sí misma. Bogotá: Planeta, 2007.
CENTRO NACIONAL DE MEMORIA HISTÓRICA. *Una nación desplazada*: informe nacional del desplazamiento forzado en Colombia. Bogotá: UARIV, 2015.
DUNCAN, Gustavo et al. *Narcotráfico en Colombia*: economia y violencia. Bogotá: Kimpres, 2005.
ESCOBAR, Juan Pablo. *Pablo Escobar*: meu pai. São Paulo: Planeta, 2015.
GARCÍA, Ricardo Rocha. *La economia colombiana trás 25 años de narcotráfico*. Bogotá: Siglo del Hombre, 2000.
GÓMEZ, Juan Tomáz. *Desplazamiento forzoso en Colombia*. Bogotá, 2011. Dissertação (Mestrado) – Faculdade de Ciências Econômicas, Universidad Nacional de Colombia.
HYLTON, Forrest. *A revolução colombiana*. São Paulo: Unesp, 2010.
LA ROSA, Michael. *Historia concisa de Colombia (1810-2013)*. Bogotá: Pontificia Universidad Javeriana, 2013.
LONDOÑO-VEGA, Patrícia. *Religion, Culture and Society in Colombia*: Medellín and Antioquia (1850-1930). New York: Oxford University Press, 2002.
LÓPEZ-RAMIREZ, Natália Maria. *Marginalidad y violencia juvenil en Medellín y Bogotá*: narrativas literarias y fílmicas de los años 80 y 90 en Colombia. Bogotá, 1998. Tese (Doutorado) – Departamento de Letras da Universidad de los Andes.
MANTILLA, Maria Emília Aponte. *La historia del vallenato*: discursos hegemónicos y disidentes. Bogotá, 2011. Dissertação (Mestrado) – Departamento de Ciências Sociais da Pontificia Universidad Javeriana.
MCFARLANE, Anthony. *Colombia Before Independence*: Economy, Society and Politics Under Bourbon Rule. Cambridge: Cambridge University, 1993.
MORENO, Gustavo Bolívar. *Sin tetas no hay paraíso*. Bogotá: Quintero, 2005.
ÑAÑEZ, Teresa Elizabeth Muñoz. *El musicar de la salsa, el rap y el reggaeton en las identidades de los jóvenes afros del Norte del Cauca*. Manizales, 2010. Dissertação (Mestrado) – Departamento de Educação e Desenvolvimento Humano, Universidad de Manizales.
PAMPLONA, Marco; DOYLE, Don H. (orgs.) *Nacionalismo no novo mundo*: a formação de Estados-Nação no século XIX. Rio de Janeiro: Record, 2008.
PÉCAUT, Daniel. *As Farc*: uma guerrilha sem fins? São Paulo: Paz e Terra, 2010.
PRADO, Maria Lígia; PELLEGRINO, Gabriela. *História da América Latina*. São Paulo: Contexto, 2014.
PRIETO, Carlos Andrés. "Las Bacrim y el crimen organizado en Colombia". *Revista del Programa de Cooperación y Seguridad Regional*. Bogotá, 2013.

RACINES, Rafael Jaramillo. "Hacia una historia del fútbol en Colombia". *Revista de la Asociación Latinoamericana de Estudios Socioculturales del Esporte*. Curitiba, 2008.

RAMÍREZ, Juan Guillermo. *Colombia de película*: cartilla de historia de cine colombiano. Bogotá: Ministério de Cultura, 2015.

RANDALL, Stephen. *Frente a la estrella polar*: Colombia y Estados Unidos desde 1974. Bogotá: Taurus, 2017.

REMPEL, William. *À mesa com o Diabo*: a história do homem que desmantelou o Cartel de Cali. Rio de Janeiro: Objetiva, 2013.

RINCÓN, Omar. "Todos llevamos un narco adentro: un ensayo sobre la narco/cultura/telenovela como modo de entrada a la modernidad". *Revista Matrizes*. v. 7, n. 2. São Paulo, 2013.

ROLDAN, Daniel Alberto Gómez. *La valoración de las cocinas regionales colombianas para la proyección y el fortalecimiento de las gastronomías nacionales*. Medellín, 2014. Dissertação (Mestrado) – Departamento de Antropologia, Universidad de Antioquia.

RUEDA, Rafael Pardo. *La historia de las guerras*: desde la independencia hasta nuestros días, una crónica completa de las guerras en Colombia. Bogotá: Penguin Random House, 2015.

SAFFORD, Frank; PALACIOS, Marco. *Colombia*: Fragmented Land, Divided Society. New York: Oxford University Press, 2002.

SALAZAR, Alonso. *Profeta en el desierto*: vida y muerte de Luis Carlos Galán. Bogotá: Planeta, 2003.

_____. *Pablo Escobar*: ascensão e queda do grande traficante de drogas. São Paulo: Planeta, 2014.

SANTOS, Marcelo. *O conflito colombiano e o Plano Colômbia*. Boa Vista: UFRR, 2011.

VALLEJO, Virgínia. *Amando Pablo, odiando Escobar*. São Paulo: Globo, 2017.

VANEGAS, Júlio Arias et al. *Identidades culturales y formación del estado en Colombia*: colonización, naturaleza y cultura. Bogotá: Universidad de los Andes, 2006.

VELÁSQUEZ, Jhon Jairo. *Minha vida com Pablo Escobar*. São Paulo: Universo dos Livros, 2017.

VILLA, Rafael Duarte; OSTOS, Maria del Pilar. "As relações Colômbia, países vizinhos e EUA: visões em torno da agenda de segurança". *Revista Brasileira de Política Internacional*. n. 48, 2005.

WERNICKE, Luciano. *Historias insólitas de la Copa Libertadores*. Bogotá: Planeta, 2015.

O AUTOR

Andrew Traumann é historiador graduado pela Universidade Estadual de Londrina, mestre em História e Política pela Universidade Estadual Paulista (*campus* Assis) e doutor em História, Cultura e Poder pela Universidade Federal do Paraná. É professor de História das Relações Internacionais e de História da Política Externa do Brasil no curso de Relações Internacionais do Centro Universitário Curitiba, no qual, além de lecionar, coordena grupos de Iniciação Científica. Costuma viajar com frequência para a Colômbia, país onde fez muitos amigos e que considera sua segunda pátria.

AGRADECIMENTOS

Agradeço aos meus editores Jaime e Luciana Pinsky por terem acreditado neste projeto desde o princípio, mesmo com todos os percalços. À Carla Pinsky pela edição de conteúdo sempre atenta e, ao mesmo tempo, simpática e respeitosa desta obra, cujas sugestões melhoraram e muito a fluidez do livro. À Mirelle, Lilian, Carolina e a toda a equipe da Contexto.

Agradeço ao meu amigo Murilo Bon Meihy por ter sido a primeira pessoa a acreditar que o tema poderia fazer parte desta prestigiosa coleção e a me incentivar a procurar a Contexto; ao meu irmão Thomas Traumann que me ajudou muito em termos de estilo e na retirada de alguns vícios da Academia; à minha fantástica professora de espanhol, Tatiana Raigoza, cujas aulas conseguem unir gramática, conversação e diversão e que se tornaram muito mais um bate-papo entre amigos; à minha amiga Ana Caroline Moreno, autora de muitas fotos que ilustram este livro e cuja paixão pela Colômbia só se equipara à minha. Não poderia também deixar de mencionar Alejandra Alcon Morais, uma apaixonada por tudo que se refere ao idioma espanhol e uma das poucas pessoas para quem contei sobre o projeto quando este ainda era um sonho.

Aos meus amigos que sempre me apoiaram, Enrique e Tatjana Molina, a Amado, Lucia, Rosi e Regiane Alvarenga, Aparecida Laduano, Giselli Gonçalves, Sérgio Melo, George Sturaro, Carlos-Magno Esteves Vasconcellos, Gustavo Glodes Blum, Janiffer Zarpelon, Jaqueline Ganzert, Caroline Marafiga, Maria Luíza Scaramella, Patrícia Tendolini de Oliveira, Bruno Hendler, Karina Arroyo, Carlos Meneses, Thalita Neves, Muna Omran, Maria Christina Moreira, Francirosy Campos Barbosa, Rafael Gallo, Eduardo Teixeira de Carvalho Jr., Rafael Pons Reis, Isaak Soares, Aírton Backes, Michele Hastreiter, Heloísa Câmara, Violeta Caldeira, Thais Scharfenberg, Mirelli Rosa, Ibrahim Soliman, Bruna Laduano, Fabrício Fortes, Perci Klein, Ângela Moreira, Luís Alexandre Carta Winter, Sergio Itamar, Thiago Hansen, Thiago Assunção, Jorge Feldens, Cezar Galhart, Marcelo Bueno e a todos os meus queridos alunos! Muito obrigado!

Cadastre-se no site da Contexto
e fique por dentro dos nossos lançamentos e eventos.
www.editoracontexto.com.br

Formação de Professores | Educação
História | Ciências Humanas
Língua Portuguesa | Linguística
Geografia
Comunicação
Turismo
Economia
Geral

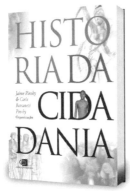

Faça parte de nossa rede.
www.editoracontexto.com.br/redes

Promovendo a Circulação do Saber

GRÁFICA PAYM
Tel. [11] 4392-3344
paym@graficapaym.com.br